大夏书系·语文之道

阅读课的姿态

体式教学的说法和课例

黄厚江 著

华东师范大学出版社
全国百佳图书出版单位
·上海·

谢谢您的信任,能够打开这本书,让我们在这里相遇。当我们的目光都曾停留在同样的文字上,我们便是有缘的人,便是"心有灵犀"的人。对我而言,这已经足够了。

目　录

写在前面　1

第一课　小说教学

【我的说法】

由虚构故事走进真实世界　3

1. 把知识学习变成借助知识的阅读活动　4
2. 把性格概括变成对人物内心世界的解读　6
3. 把主题解析变成借助小说解读生活　8
4. 把特点归纳变成借助文本学会读小说　10

【我的课例】

《猫》教学实录　11

《台阶》教学实录　26

第二课　散文教学

【我的说法】

由个性话语指达个性心灵　37

1. 通过对个性话语方式的品读，体味作者的生命个性　39
2. 通过个性化学习活动连接"语文经验"和"人生经验"　40
3. 通过具体作品的阅读认识和欣赏作者的个性风格　43

【我的课例】

《老王》教学实录　44

《葡萄月令》教学实录　57

第三课	【我的说法】
现代诗歌	诗化表达和诗性情怀的互动　69
教学	1. 在读诗中培养敏锐的诗歌触觉　71
	2. 由"现代诗形"进入"现代情绪"　75
	3. 在分享中学习现代诗歌的解读和欣赏　81
	【我的课例】
	《山民》教学实录　84
	《乡愁》教学实录　99

第四课	【我的说法】
古代诗歌	古诗教学的"意"与"境"　123
教学	1. 在类型化中凸显非类型的教学内容　124
	2. 在基本欣赏路径中寻求突破性教学策略　127
	3. 在作品个性中发现个性化的教学活动　136
	【我的课例】
	《蒹葭》教学设计　138
	《春江花月夜》教学实录　141

第五课 戏剧教学	【我的说法】
	戏剧教学的"入戏"与"出戏"　165
	1. 戏剧教学无"戏"可看的窘境　165
	2. 戏剧教学要有"戏"　168
	3. 戏剧教学还需"戏"外有"戏"　173
	【我的课例】
	《窦娥冤》教学设计　178

第六课 文言文教学	【我的说法】
	文言文教学的言文共生　187
	1. 在"言"的理解中解读"文"的丰富内涵　189
	2. 在思想内容的解读中落实"言"的理解　190
	3. 在文体特征的认识中解"言"读"文"　192
	4. 分层处理语言理解和文本解读，在两者穿插中实现言文的交融　193
	【我的课例】
	《狼》教学实录　195
	《出师表》教学实录　211

第七课
实用文
教学

【我的说法】

基于有用的阅读和教学　225

1. 基于写作目的解读文本内涵　228
2. 基于阅读需求确定教学内容　229
3. 基于体式特征选择教学策略　231

【我的课例】

《谈中国诗》教学实录　236

第八课
小群文
阅读

【我的说法】

行走在单篇和"海量"之间　255

1. 小群文阅读的基本特征　255
2. 小群文阅读的组群方式　256
3. 小群文阅读的教学结构　257
4. 小群文阅读教学的基本原则　259

【我的课例】

"李白送别诗"小群文教学设计　261

后　记　267

写在前面

2016年,我出版了一本《作文课的味道》,很受老师们欢迎。有老师问:黄老师,你什么时候再出版一本有关阅读教学的书?其实,前面陆续出版的书中,好几本是侧重阅读教学的,但完全立足阅读教学,尤其是专门谈不同体式教学的的确还没有。于是,我想再出版一本和《作文课的味道》类似的书。徐飞老师向华东师范大学出版社的编辑透露了我的想法,于是就有了这本《阅读课的姿态》。

阅读课应该是千姿百态的,可我们见到的阅读课常常是千人一面。这是阅读课让学生乏味、老师没劲的一个重要原因。

要让阅读课千姿百态,首先,不同的文体要有不同的姿态,有不同的阅读规律和教学价值,必然也要有不同的阅读方法和教学策略。其次,不同作者的文章,应该有不同的教学姿态。即使是同一种文体,不同的作者也有不同的风格。即使是同一作者的文章也会有不同的特点甚至风格。学生的阅读,我们的教学,都应该随文变化。如果从学情区别和教学风格等角度去思考,阅读教学又何止"千姿百态"呢?

然而,我没有孙悟空"七十二变"的神通,也不是"百变女郎",能想到的,能做到的,非常局限。书中呈现的,只是我在阅读课上的常见姿势,是我对不同体式阅读教学的一点想法、做法，但愿能够给您带来一点启发。

谢谢您的信任，能够打开这本书，让我们在这里相遇。当我们的目光都曾停留在同样的文字上，我们便是有缘的人，便是"心有灵犀"的人。对我而言，这已经足够了。

第一课

小 说 教 学

我的说法

由虚构故事走进真实世界

什么是小说？一直是个很难说清楚的问题。文学理论专家各有说法，小说家也有自己的理解。最广泛的说法是：小说是以刻画人物形象为中心，通过完整的故事情节和具体的环境描写来反映社会生活的一种文学体裁。

尽管这个定义受到不少人的质疑，但我们在讨论小说教学这个问题时还是基于这一基本的说法，并由这个定义提炼出这样几个要点：（1）小说是有故事的；（2）小说的故事是虚构的；（3）作者虚构故事是为了反映社会生活。什么是"反映社会生活"？就是告诉我们人是怎样的，世界是怎样的。简单地说，小说就是通过虚构的故事表现生活世界。小说故事中的生活世界是极其丰富的，越是好的小说越是如此。比如《红楼梦》，既有现实世界，又有神话世界；既有儿童世界，又有成人世界；既有世俗世界，又有神仙世界；既有底层世界，又有贵族世界；既有真实世界，又有虚幻世界。如果小说只有单一的故事世界，它一定不是好小说，甚至就不是小说。

对小说有了基本的认识之后，我们再来谈小说教学。为什么要进行小说教学？从小说文体和文本的角度看，小说教学首先是读小说，即引导学生通过读虚构的故事去认识丰富复杂的生活世界；从语文课程的角度看，小说教学就是引导学生会读小说，不仅会读虚构的故事（看作者如何编故事、讲故事），还要会通过读虚构的故事看到其背后丰富复杂的生活世界。这两者都指向培养和提高学生的语文综合素养与人的素养。

对照这样的小说教学定位，目前的小说教学存在一些比较突出的问题。

一是教学的模式化，或者叫套路化。不少老师教小说，不管什么样的小说都是：介绍作者和背景—分析情节和结构—分析人物形象—分析环境描写—归纳主题思想—归纳写作特点。分析情节则一律是：开端—发展—高潮—结局。分析人物形象则是各种描写方法，分析环境则是社会环境、生活环境。甚至归纳主题都教给学生一个套路：小说通过……，表现了……，批评了什么……，歌颂了……，告诉我们……。整个教学就是教小说的内容、主题。

二是教学的知识化。小说教学就是教知识，教知识就是教术语。以前是教小说的定义、小说的三要素、小说的分类；教学人物的种种描写方法，如心理描写、动作描写、肖像描写、细节描写，教得更细致的还要分类。现在，有人觉得三要素的知识太陈旧，于是教中国小说发展史，比较中外小说的不同特点，介绍小说的流派和类型（如心理小说、荒诞小说、意识流小说），指出什么是叙述视角、全知视角、有限视角、客观视角，把中学的小说阅读课教成大学的小说讲座课和小说研究课。

三是教学的概念化，也就是"贴标签"。这种做法基本就是教教材，把教参上的结论和试题上的答案，贴到文本的相关部分。比如，哪里是肖像描写，哪里是心理描写，哪里是动作描写，哪里是语言描写，哪里是开端，哪里是发展，哪里是高潮，哪里是结局，哪个句子哪一处描写表现了人物什么样的性格，最后归结到哪些地方表现了什么样的主题，有的还要从文本中找到一些词句深入分析其含义，比如《祝福》的标题、《故乡》的结尾。其教学目的非常清楚，就是保证学生考试时都能"对号入座"。

那么，应该怎样进行小说的阅读教学呢？正确做法如下。

1.把知识学习变成借助知识的阅读活动

小说阅读教学自然无法回避有关小说的基础知识。但正如我们在语文教学的知识观里一再强调的，语文课程的知识本身并不是学生要学习和掌握的对象。学生了解和学习语文知识的目的，是为了更好地利用语言进行实践、阅读和写作。因此，小说教学中的小说知识不是教学的内容。从学生发展的角度讲，是为了帮助学生将来的小说阅读；从教学过程来说，是为了推动教学活动的开展，实现教学意图。

比如故事情节，它是小说教学必须涉及的知识，甚至有老师认为这是学生必须掌握的知识。其实，这个知识是很复杂的，不要说学生很难掌握，就是很多老师也不容易掌握，绝不是按照"开端—发展—高潮—结局"对小说进行一通分析，再贴一个概念标签就可以了。故事和情节是两个不同的概念。故事是事件本身，情节是有因果关联的事件，因此情节一定有故事，故事不一定都有情节。甚至有专家认为，应该分清故事情节和小说情节：故事情节是生活事件的原态，小说情节是作者精心安排的故事；生活事件的故事情节是按时间发展的，小说的情节有各种复杂的安排；生活故事情节的时间都是等值的，小说故事情节的时间是不等值的。和学生讲这些故事和情节的知识并不容易，也没有什么意义，但如果我们借助这些知识组织学习活动，把它作为小说阅读的基本方法和策略，就非常有意义。

教学莫泊桑的《我的叔叔于勒》时，我是这样设计开头的几个环节的：（1）让学生说说阅读小说后印象最深刻的片段，并简单说说为什么印象深刻。我会在黑板上写出这些情节片段的关键词。（2）根据事件发生的先后顺序整理黑板上的情节片段，用序号标出先后。（3）回顾课文，厘清作者叙述这些情节的顺序，再用序号标出作者叙述的先后。（4）讨论：作者的叙述和故事本身的先后有哪些不同，为什么这样安排？（5）让学生找出有因果关系的事件，我用线条连接这些事件。（6）讨论：这些具有因果关系的情节围绕的核心因素是什么？（金钱）这些教学活动都是围绕故事和情节展开的，基本涵盖了上述比较复杂的情节和故事的知识。但我的教学意图并不是告诉学生什么是故事，什么是情节，故事和情节有什么联系和不同，而是借助这些本来不好讲、不容易讲清楚的知识组织学习活动，引导学生抓住情节去读故事、读小说。应该说，在这个过程中，他们基本明白了小说的故事和情节是怎么回事（当然，这不是一次学习就能完成的），更重要的是，真正经历了读小说的过程，并感悟了小说阅读的方法，获得了本来要花很多时间去贴标签才能明白的东西。

　　同样是这篇小说，还涉及一个小说知识，也就是小说的叙述方式，因为选进教材的小说基本都是砍头去尾的文本。砍和不砍，孰优孰劣，这就涉及小说叙述方式的问题。要讲清楚这个问题，比故事情节还难。我的做法是：（1）出示小说原来的结尾，让学生补写相应的开头。（2）讨论：有了这样的首尾，小说结构有什么变化？（3）讨论：有了这样的首尾，主题理解有没有不同？（4）讨论：有了这样的首尾，你对小说有什么新的认识？（5）讨论：教材编者为什么要删去首尾？你认为是否应该删去首尾？在这样的教学活动中，本来很难讲清楚的有关叙述方式的知识都在里面。而且，借助这个知识组织的学习活动，让学生对文本的理解更加丰富，也更深入，可以说更会读小说了。

2.把性格概括变成对人物内心世界的解读

　　分析人物形象是小说教学的重点，不应是概念和标签。概念和标签是别人阅读小说、理解小说的结果，是其他读者对小说人物认识的提炼。王安忆说：小说是心灵的历史。毫无疑问，小说是写人的文学，要反映社会生活，表现生活世界，必须写人，写人的心灵，写人的本性，写人与人的关系。人的性格，人的命运，人性的弱点，人性的美丽，无疑都是小说要表现的内容。就这个意义来讲，阅读小说就是在读人，读人则主要是读人的内心世界。性格特点往往只是内心世界的一种表征，没有内心体验的小说阅读，没有走进小说人物内心世界的小说阅读，只能是隔空互望，所谓性格特点的概括只能是贴个标签而已。教学《孔乙己》这篇小说，我们常常看到一些老师就是带着学生到处贴标签，或者就是证明结论。比如，哪里是好喝懒做，哪里是自命清高，哪里是死要面子，并没有走进孔乙己的内心世界。孔乙己给孩子们茴香豆吃，教孩子们茴香豆的四种写法，学生读到这里时一般很难有到位的理解，甚至以为孔乙己吝啬小气，而很多老师就告诉学生这里表现了他的善良。说孔乙己善良肯定是不错的，但仅仅理解为善良是肤浅的，因为没有走进孔乙己的内心世界。我在同学们作出种种回答之后，问了这样几个问题：孔乙己为什么总是和孩子们说话？他想不想和大人们说话？他当然想和大人们说话，可为什么不和大人们一起喝酒、一起说话呢？因为他想要说话的人，人家不愿意和他说话；愿意和他说话的人，常常都说些让他难堪的话；愿意和他说话又不伤害他的人，他又不愿意和人家说话。

  孔乙己死要面子、自命清高的特点，老师在小说教学中要让学生了解到，并通过对一些描写方法的分析加以落实。我在教学中则主要是抓住孔乙己用手走进酒店、走出酒店这个"走"字引领学生走进孔乙己的精神世界。为什么用"走"呢？打折了腿。为什么不是爬呢？爬不是更轻松一点吗？我分别画了"走"和"爬"的简笔画，让同学们发现"走"和"爬"的四个不同：爬是弯着腰，走是直着腰；爬是低着头，走是抬着头；爬显得更矮一点，走显得更高一点；爬是四肢着地，走是两肢用力。孔乙己选择"走"而不是"爬"是一种内心尊严的体现，是一种生命姿态的选择。这时候，学生理解的死要面子、自命清高就不再是一个概念和标签，对孔乙己也不再是一种简单的嘲笑和批判的态度。这恐怕才是读小说应该有的方法和路径：通过阅读走进人的精神世界，走进人的内心，丰富人生体验、心灵体验，对生活、世界有更多的体察和理解。

  阅读心理小说、意识流小说甚至荒诞小说，更需要深入人物的内心世界。这类小说的故事常常是退到背后的，更多的是人物的感受、意识、心理，这些感受、意识和心理常常是不连贯、非理性的。所以，阅读时对人物的内心世界要有更细致入微的体验，才能对人物、小说有比较深入的理解，在小说中读出人、读出人性、读出生活、读出世界。比如阅读余华的《十八岁出门远行》，其中的"我"是最为关键的内容。小说中一共多少次写到"我"，这中间共有多少个"我"，"我"和"我"是什么关系，"我"为什么要远行，"我"在远行中经历了什么，这些经历对"我"有什么改变……读懂了这些，这篇不太好懂的小说基本就读懂了。读"我"就是读"我"的内心世界，其实就是读生活的世界、现实的世界、理想的世界。

3.把主题解析变成借助小说解读生活

尽管我们不认同小说教学的主要目的是理解小说的主题,但应该承认,主题理解仍然是小说阅读教学很重要的内容。小说教学要理解主题是对的,是可以的,但必须强调:一是理解主题不是告诉学生一个固定的结论,更不是强调一个抽象的人生道理,而是让学生在小说阅读中丰富心灵,丰富人生体验,丰富对生活、世界的感知和认识。二是主题的认识和理解不是一个抽象和概括的过程,而是由阅读小说故事进入小说世界进而认识生活世界的过程。要把小说教学的内容由理解小说文本改变为学会解读小说,进而追求在小说阅读中提高学生的综合素养,就必须理解小说主题变成借助主题阅读和理解小说。从课堂教学的操作层面看,从小说教学策略的角度看,就是借助主题的理解引领学生好好读小说,把小说主题的理解变成阅读小说的过程。

教学《孔乙己》,理解科举制度对读书人的戕害,理解当时封建社会的人情冷漠,是理所当然的。但如果直接告诉学生这样的主题,或者由人物形象和环境描写归纳抽象出这样的主题,学生就只能得到一个结论和概念,并没有好好读小说,更不能学会阅读小说。我们的做法主要是:(1)合作想象孔乙己死去的场景:在什么地方?在什么时间?手里拿着什么?心里会想什么?(2)给孔乙己写一个碑文。(3)讨论:造成孔乙己悲剧命运的原因有哪些?自己有没有责任?完成第一个活动时,首先由小说的最后一句话入手,"大约孔乙己的确死了"。为什么说"大约"死了?因为没有人看到,没有人知道。为什么"的确"死了,从他的身体状况看,从他的经济情况看,从别人对他的态度看,从天气情况看,他必死无疑。然后,很自然地进入后面的活动:没有人看到孔乙己死,没有人知道孔乙己死,他会死在什么地方呢?在家里,在路边,在街头,都会有人看见,那只能死在别人轻易不去也看不到的地方,这既符合他"自命清高""死要面子"的性格,也合乎故事情节的逻辑和生活逻辑。死在什么时间呢?从"中秋过后秋风是一天比凉一天""到了年关"等内容来看,他死在了那个寒冷的冬天。他的手里会有什么呢?一本书,破的;一个碗,空的。一本破书,因为他一辈子忘不了自己是个读书人，忘不了读书中功名；一个空碗，因为他不愿乞讨，不会乞讨，也无处乞讨。给孔乙己写碑文分为两步：先写中国式最常见的碑文——某某某之墓。这是容易的，但孔乙己是他的名字吗？不是，是别人从描红纸上随便取了两个字作为他的绰号，他的名字没有人知道。碑文一般还要在人名前加一个身份，孔乙己是什么样的身份呢？写成"读书人孔乙己之墓"当然可以，但并不贴切。因为他不是一个典型的读书人，也不是一般的读书人，更不是一个成功的读书人，而是一个失意落魄的读书人。于是有同学从课文中找到了"上大人"作为他的身份。我们以为是很恰当的。接着再模仿西方人的碑文"这里躺着一个……的人"，写一句西式碑文。这个活动的答案是非常丰富的：这里躺着一个死要面子的人，这里躺着一个失败的读书人，这里躺着一个被封建科举制度害死的人，这里躺着一个被社会遗弃的人……不错，我们也是在认识主题、理解主题，但不是概括，不是抽象，而是借助主题在读小说，理解小说。同样，教学《我的叔叔于勒》，如果要让学生认识资本主义金钱至上、人情冷漠的主题，应该说非常容易。但这就是贴标签，就是概念化。学生真的理解了吗？真的认同吗？没有。更没有真正读小说、学会读小说，对他们人生体验的丰富和思想认识的提高也没有真正的价值。我们的做法是，在前文介绍的几个环节的基础上让学生思考：这些具有因果关系的情节组成一个网，这个网是围绕一个核心织成的，这个网络的核心是什么？（钱）所有人都陷入这个围绕金钱织成的网络，只有一个人例外，是谁？（若瑟夫）若瑟夫长大后会成为他的爸爸妈妈这样心中只有钱的人吗？争论非常激烈，有人说一定会，因为他生活在那样的家庭，社会是大染缸；有人说不会，因为他本性善良，已经看透这个社会。我说：我们来看看作者的态度。于是出示了小说原来的结尾，便有了接下来的活动。大家能够看出，本来几句话的主题概括，一张PPT就可以解决的问题，我们进行了一组非常丰富而有意思的活动。在这样的活动中，学生走进了文本，也走进了生活，把这一篇小说读懂了，也感悟到了应该怎样读小说，怎样从小说中读人、读人性、读生活、读世界。

亨利·詹姆斯认为，"小说可以存在的唯一理由，就是它确实在企图再现人生"。他的说法虽算不上是给小说下了一个准确的定义,却道出了小说最本质的特点。他告诉我们,小说在用故事讲述别人的人生,再现别人的人生,让我们对人生世界和生活世界有更丰富和深刻的认识。

4.把特点归纳变成借助文本学会读小说

好的小说,既体现了小说文体的共同特征,又有着鲜明的个性;既体现了作家的基本风格,又具有单篇的特点。就这个意义上说,小说教学就是要让学生了解作品的特点,但如果只是识记每篇作品的写作特点,最多只是知识的增长和概念的增加。因此,我们主张借助单篇小说的特点引领学生学会阅读小说、欣赏小说。

小说《装在套子里的人》是契诃夫的代表作,也是高中教材的保留篇目,其夸张讽刺的风格非常鲜明。如果只是作为一个教学内容、教学环节,归纳它的写作特点并不困难。如何在阅读中发现这样的特点、欣赏这样的特点呢?我们的做法,一是先让学生数套子,再对套子进行分类,思考讨论哪个是他最主要的套子,一个人会有这么多套子吗。小说中还有哪些"不可能"的情节和内容?二是深入分析他恋爱的起因、爱情的发展和命运的结局,充分认识这场恋爱闹剧的荒唐之处。三是讨论别里科夫在华连卡的笑声中死去这个结局的可能性和合理性,想象设计这场恋爱结局的其他方案。在这样的阅读过程中,在这样的活动中,学生走进了小说世界,也走进了别里科夫的生活世界和精神世界,认识到夸张讽刺的艺术手法就是把人物的某一个特征放大到离奇而不合情理的地步。所谓讽刺艺术,就是让人物遭遇种种他无法承受的遭遇和难堪,并在这个过程中暴露他性格的缺点和内心世界的丑陋。所谓幽默,就是让读者在阅读的快感中认识人、认识人性的美和丑,发现生活的美好和沉重。这就不是仅仅记住了几个概念和术语,也不仅仅是阅读了《装在套子里的人》这一篇小说,而是学会了如何欣赏这类幽默、夸张、讽刺的小说和艺术作品。

郑振铎先生的《猫》是一篇文体有一定争议的作品。但当我们把它作为小说教的时候,就要引导学生发现几个写猫的情节的关联性而不只是零散的片段,引导学生不要把三只猫仅仅当作猫来理解和认识,而要把它们当作人来看,并且把文章着笔并不比猫多的"我"、张嫂都当作小说人物来看,这样才能让学生真正把这篇文章作为小说来阅读、欣赏,学会欣赏这类散文化的、故事性不是很强、人物塑造不是很集中的小说。因此,在教学中,我们设计了这样几个活动:说说你自己在生活中是哪一只猫,请选择一只对其中的主人说几句话,写一段话表现被赶走的那只猫在邻居家屋顶上死去之前的心理。这样的活动,意在让学生认识这类以动物为主角、写日常生活琐事的小说的风格特点。同样的道理,欣赏诗化的小说《荷花淀》《边城》等都应如此。我们一直以为,教学沈从文的《边城》、孙犁的《荷花淀》,如果把主要精力用在故事情节的"开端—发展—高潮—结局"这些套路的分析上,把小说中的环境描写仅仅作为环境来理解,无疑是方凿圆枘的做法。同样的道理,教学《荷花淀》《边城》这样的小说,如果把主要精力用在让学生认识什么是诗化小说、散文化小说上,也是偏离了小说教学的重心。正确的做法是,在具有诗意的场景中品读小说语言的诗意、意境的诗意、人物的诗意、生活的诗意,以及作者的诗意,在诗意场景的品读中学会欣赏这一类小说。

我的课例

《猫》教学实录

师:上课。
生:起立。
师:同学们好!
生:老师,您好!
师:同学们辛苦了!
生:(笑)老师辛苦了!

师：我们班同学反应蛮快的啊，后面一句话本来是可以不说的，是吧？很好，这就是语文素养！知道今天下午我们学什么课文吗？

生：（齐）《猫》。

师：今天跟大家一起来学习一篇叫《猫》的小说。小说是我们经常学习的一种文体，大家课前有没有读一读课文啊？看过了吗？

生：（纷纷点头）看了。

师：我来看看你们看得是不是认真哦。题目叫"猫"，小说里一共有几只猫啊？

生：（齐）三只猫。

师：看得还比较认真，三只猫分别叫什么名字啊？

生：（小声议论）没有名字。

师：没有名字啊。小说里没有名字，你们就给它们取个名字，好不好啊？如果你家里来了一只猫，你会怎么给它取名字呢？我们一般的做法是根据猫的××××来取？

生：外表和颜色。

师：对了，根据外表特点、颜色特点。更高一点的要求是，还要根据这只猫的性格特点，对不对？那我们现在来看第一只猫，我们给他取个什么名字呢？大家看看课文，第一只猫的特点在哪个小节啊？

生：第1自然段。

师：好的，我们一起来读读这些句子。

师生："花白的毛，很活泼，（生停）常如带着泥土的白雪球似的。"

师：怎么我读你们不读啊？你们好意思啊？

（生笑。）

师生："在廊前太阳光里滚来滚去。……又扑过去抢。"

师：（打断）我觉得够了。我们来给它取个名字，大家看看，怎么取啊？首先是颜色，它是什么颜色的？

生：花白。

师：花白，你们说是"花"好，还是"白"好？

生：白。

师：一个人的衣服，有红有黑有白，你们就只说白的啊？

生：花的。

师：就是。"花白"只能叫"花"，不能叫白。颜色特点出来了（板书"花"）。请同学从中找一个描写形状特点的词。

生：白雪球似的。

师：白雪球似的，你说，从中取一个词做它的名字，哪个词好？

生：（齐）球。

师："球"好，这个"球"一方面告诉我们它形体比较——

生：圆润。

师：圆润，这个词用得好，坚决不说胖，胖很伤人的，对不对？我们班同学有没有圆润的？让我看看。

（众生环顾并笑。）

师：好！第一只猫就叫"花球"。"花球"中的"球"，除了写出它的形体特点外，还有没有表达出它的性格特点？

生：活泼。

师：对啊。活泼，滚过来滚过去。第二只猫呢？特点在哪一段？

生：第3自然段。

师：我们一起来看看关键的句子。从哪个地方可以看出来？

师生："这只小猫较第一只更有趣，更活泼。……它似乎太活泼了，一点儿……"

师：它是什么颜色的啊？

生：黄。

师：给黄颜色的宠物取名字，最简单的叫什么啊？

生：小黄。

师：叫"小黄"，还有"老黄""黄黄"。

（众生笑。）

师：有道理，但不是最理想的。它的性格特点是什么样的？

第一课 小说教学 / 13

生：有趣、活泼。

师：不行，要注意一个关键词，它和前面一只猫比，怎么样啊？

生：太活泼。

师：太活泼，你想用一个什么样的词代替啊？

生：顽皮。

师：大家注意，过分活泼就叫顽皮，那就叫它——

全班："黄顽皮"（笑）。

师：能不能想个办法，表明它不是一般的"顽皮"？

生：黄皮皮。

（生大笑。）

师：用词的重叠突出"太调皮"。哪个同学还能动动脑筋说明它太活泼？

生：皮皮黄。

师："黄皮皮"颠倒一下变成"皮皮黄"。好，再看第三只猫，出现在课文哪一段啊？

生：第15自然段。

师：我们也找几个关键句子读一读，好不好？一起读，好吧？先从哪里读啊？

师生：（齐）"大家都不喜欢它……对于它，也不加注意。"

师：好，哪个词表现出第三只猫的性格特点？

生：忧郁。

师：是忧郁。颜色是花白的，大家记住，花白，用花还是白？

生：花。

师：好，那它叫花什么？

生：花忧郁。

师：叫"花忧郁"。

（生笑。）

师：你们有没有发现这个"花"放在这里不太好？

生：忧郁花。

师：为什么要改成"忧郁花"，你们用得倒挺快。"忧郁花"让我们觉得这只小猫蛮可爱的，所以要把这个花也换了。

生：瘦忧郁，小忧郁。

师："瘦忧郁""小忧郁"都不错！好的，刚才我们给三只猫取了三个很好的名字，现在进行第二个学习任务：想一想，这三只猫之间有什么样的关系？

生：先后。

师：对啊，花球先来的，后来到哪里去啦？

生：死了。

师：死了，抱回了一只花猫，叫皮皮黄，皮皮黄到哪里去啦？

生：被路人捉去了。

师：被路人拐走了，于是又捡回了小忧郁，对不对？非常好！从时间角度看，它们是先后关系，但不仅仅是时间关系。如果第一只猫不丢，第二只猫会不会来啊？

生：不会。

师：所以，第一只猫的丢失引出了第二只猫。第二只猫如果不丢，第三只猫会不会来？

生：不会。

师：可能也不来。所以，三只猫构成一个环环相扣的故事、一个完整的故事。这是什么关系？

生：有点因果关系。

师：是的。这里隐含着因果关系。从性格特点来看，第一只猫的性格特点是什么？

生：活泼。

师：第二只猫呢？

生：太活泼。

师：太活泼，更活泼。你觉得这是什么关系呢？

生：递进。

师：真了不起，是递进啊，但是递进一般是从句子意思的角度去讲的。

从小说的形象角度讲呢，我们一般叫作"衬托"。一个活泼，另一个更活泼，这叫衬托；一个漂亮，另一个更漂亮，这也叫作衬托（学生窃窃私语）。还有什么，你又发现了什么？

生：第二只猫和第三只猫形成对比，一个太活泼，一个忧郁。

师：他说的有没有道理啊？

生：有。

师：学习就要像他一样勤动脑筋，有自己的发现，不仅是将皮皮黄跟小忧郁进行对比，而且前面两只猫跟第三只猫都有——

生：对比。

师：非常好！还有更复杂的关系，看看同学们能不能发现哦。——在这个家里面，故事里的所有人最不喜欢的是哪只猫啊？

生：第三只。

师：最不喜欢小忧郁，大家有没有想过原因啊？

生：性格忧郁。

师：性格太忧郁，长相又比较——

生：丑陋。

师：所以没有人喜欢它。但是除了它自身的原因，与前面两只猫有没有关系呢？

生：有。

师：有什么关系？

（生各抒己见。）

师：哦，前面两只长得太可爱了，对吧？哎哟，你们有没有想到一句话，叫"没有对比，就——"

生：没有伤害。

师：太深刻了。我们刚才看了三只猫的故事，小说里还写了很多人。你们现在不看书能告诉我写了多少人吗？

（生各抒己见。）

师：三妹，作者本人，还有呢？

生：妻子。

师：还有呢？

生：李妈。

师：看来大家读得很细。你们觉得小说里这么一大堆人，哪一个人物最重要？

生：三妹。

师：三妹！谁来说说理由？他们两个太积极了，我到后面来。好，这位同学，我觉得你举手的次数太少了。

生：三妹和猫的互动最多，和猫更亲近些。

师：跟猫之间的交往最多，对第三只猫，大家不太喜爱，她还是跟它玩。三妹在小说里重要，就是因为她跟第三只猫玩得最多？在小说中，什么人才是最重要的呢？你觉得哪个最重要啊？

生：我认为张妈最重要。

师：有什么道理啊？

生：因为在有小忧郁的地方，只有张妈一个人没有表现出讨厌的样子。

师：只有张妈没有讨厌它。

生：对，当时他们都以为小忧郁吃了那只鸟，只有张妈不这么认为。她只是默默无言，也辩解不了，因为没有找到证据。

师：张妈没有委屈它、冤枉它，对不对？嗯，好的，她觉得张妈最重要！我们现在一起想一下，小说中什么样的人才是最重要的？我觉得有三个最主要的因素：一是从小说的整个故事情节来讲，跟他的关系最紧密；二是跟最主要人物命运的关系；三是和主题的关系。如果从人物命运、主题、情节的角度，你们觉得谁最重要呢？三妹对整个故事情节最重要？有没有同学有不同的想法呢？我们来想一想，在小说里，最打动读者、表现主题的是哪只猫？

生：小忧郁。

师：对，是小忧郁。那么，小忧郁命运的形成、结局主要是由谁决定的？

生：作者。

师：在小说里，谁是作者？

生："我"。

师：小说里的"我"是不是作者啊？

生：是。

师：有没有人认为不是？只有一个人认为不是（学生环视寻找）。向这边看（师指向自己），只有一个人认为不是。

（生笑。）

师：请记住，小说里的"我"不是作者！小说是作者创作的。什么叫创作呢？就是虚构。黄老师也写小说，写小说就叫编故事，那小说中的妻子是不是作者的妻子？

生：不是。

师：小说的"我"是不是我啊？

生：不是。

师：是一个特定的人物形象，所以我们加上引号。记住，小说里"我"很重要。一方面，表现在他决定了第三只猫小忧郁的命运；另一方面，他还有一个很重要的作用，你们有没有注意到？

生：贯穿全文？

师：怎么贯穿的？（听取学生意见）

生：在开头和结尾一直出现。

师：有没有同学能说得更具体一点？大家找一找三只猫故事中的过渡性语句。（学生不解）那我们先看看结尾，一起读："自此我家永不养猫……我心里十分难过。"这里写的是什么内容？

生：作者内心的想法。

师：大家说一下，她能不能这么说？

生：不能。

师：应该怎么说？

生：写的是小说中"我"的心理感受。

师：大家看看写的是什么样的心理感受？

生：内疚，难过。

师：（转向同桌）他说内疚、难过。你说呢？

生：惭愧。

师：这里的心理感受很复杂。还有吗？

生：自责。

生：后悔。

师：小说的主题就隐含在丰富的心理感受中。那么，前文有没有写到心理感受？

生：有。

师：在哪里？

生："我心里也感着一缕的酸辛。"

师：你告诉我们在第几段。

生：第2自然段的第一句话。

师："我心里也感着一缕的酸辛"，"酸辛"是什么意思？

生：酸辛是感到辛酸、难过。

师：其他段没有啦？

生：有。

师：还有哪段？

生："我也怅然地，愤恨地，在诅骂着那个不知名的夺去我们所爱的东西的人。"

师："我们所爱的东西"是指什么？

生：第二只猫。

师：怅然地，愤恨地诅咒那个人，表明自己对猫的喜爱，心里也很难过，从此好久不养猫。对不对？

生：对。

师：小说里有好多地方写了"我"的心理感受。这些心理感受在小说的结构上起什么作用呢？

生：过渡。

师：过渡是把上下两个故事连起来。把三个故事连起来就不叫过渡了，它是小说情节的———

生：线索。

师：有道理。像一条线把零散的故事连成整体。应该说，小说里的每个人都重要，但从小说的主题和结构来看，"我"最重要。刚才讲过，课文是什么文体？

生：小说。

师：对。这个小说的主角是猫。大家记住，以写动物为主的小说，这些动物往往也是"人"，所以这里的三只猫也是人。现在，各位同学想一想，你在班上、家里，相当于哪一只猫呢？

生：（大部分说）皮皮黄。

师：认为自己是皮皮黄，你们都是很幸运的。有没有人在家是小忧郁的？在班上是小忧郁的举手？（看向一个举手的同学）为什么你在班上是小忧郁呢？（看向学生的脸）我看你长得不丑啊！

（生笑。）

师：我从小在家里就是个小忧郁、小可怜。后来，我读书的时候在班里也是，老师都不大喜欢我。那么，到底你是哪只猫，这个我们先不管了。有个任务我们必须完成，请你从三只猫中选一只，并以这只猫的口气和文中某个人物说两句话。

师：你选哪只猫啊？

生：皮皮黄。

师：皮皮黄跟哪个人说话呢？

生：跟三妹说话。

师：那现在我就是三妹。

（生笑。）

师：三妹站在你面前，你要和三妹说什么话呢？

生：（快速）过去我不应该。

师：慢一点，跟人说话前要很亲切地叫一声……

（生笑。）

师：叫啥？

生：喵。

师：喵。

（生笑。）

师：我已经告诉你要把猫当成人，你非要把自己当成猫干什么呢？既然你是人了，对三妹应该怎么说啊？

生：三妹，对不起。

师：嗯，对不起我什么呢？

生：早知道我就不会这么皮了。

师：其实我也有责任，你是小孩子不懂事呀，你有点调皮，我应该教育你，让你有安全意识。你现在的日子过得怎么样啊？

生：那个新主人经常虐待我。

师：非常好！大家注意，被丢掉以后的日子不好过。其他同学呢？哦，后面有个男同学，（走过去）你准备把自己当作哪只猫啊？

生：我把自己当作最后那只小忧郁。

师：嗯，小忧郁，跟谁说话呢？

生：我想和主人公说话。

师：主人公是小说里的？

生：小说里的"我"。

师：现在，老师就是小说里的"我"，你有什么要和"我"说的？——你不要看书，看我，好不好啊？

（生笑。）

生：你为什么要认为我是吃鸟的人？

师：我也是有根据的！

（生笑。）

生：你凭什么给我打上这个标签呢？

师：我有很多根据的啊！

（生笑。）

生：你应该冷静下来，然后再证实是不是我吃掉的鸟。

师：是的，我最近有点冷静了。

（生笑。）

生：你冷静下来呢，其实可以想一想，如果你改正自我，我说不定会原谅你了。

师：是的，是的。嗯，我知道了，你没有吃鸟。你知道我现在很自责和内疚的。

生：那我原谅你了。

师：你是一只好猫，下辈子我们还做主仆，好不好？

生：好。

（生笑。）

师：这位同学一开始很愤怒地说是"我"造成文中它命运的悲剧。后来，第三只猫小忧郁受冤枉，有没有被证明是清白的啊？

生：有。

师：是谁让真相大白的？

生：（个别学生）黑猫。

师：小说里还有黑猫吗？

生：有啊。

师：在哪？

生：第29自然段。

师：第29自然段还有黑猫啊。我一开始问你们小说里有几只猫，你们说有三只猫的！

（生笑。）

师：小说里到底有几只猫？

生：四只。

师：为什么刚才你们不回答有这只黑猫呢？

生：不是我们家养的。

师：有道理，不过我问的是小说里几只猫。我知道，你们在潜意识里认为这只黑猫不太重要，对不对？

（生纷纷点头。）

师：大多数人认为小说里的黑猫不太重要，有没有哪个同学认为它非常重要？（多个学生举手）这么多人认为重要。（对着一个举手的男生说）让最后一个女同学回答好不好？（学生沉默）你看，还是不够男人。

（生笑。）

师：他扭了扭头还是没有敢明确表达，（走向最后一个女生）你为什么认为这只黑猫很重要？

生：因为黑猫才是罪魁祸首！如果李妈没有发现是这只黑猫吃了黄鸟，作者，不对，是"我"，（全班笑）我们全家都会一直冤枉小忧郁，"我"也不会感到愧疚。

师：这只黑猫在情节里很重要，所以小说情节要合理。这只黑猫没有出来，后面的故事就没有办法再推进了。黑猫不出来，"我"就不会后悔。我们一家人都会以为谁吃了鸟？

生：小忧郁。

师：小忧郁，小可怜，对不对？你们说，我们一家人认为小忧郁吃了鸟，有没有根据？

生：有。

师：有几处？（对远处一个举手的女生说）这次，你先等一下（对这个男生说）让你发言还是让她发言？（生沉默，全班笑）还是不够男人。（全班笑）好吧，男人是要慢慢长大的，你来发言吧！小说里有几处说明第三只猫吃鸟了？

生：这边虽然有几处根据，但是它……

师：不着急，不着急，说话不着急，（全班笑）有机会了更要沉住气。我知道我刚才有点伤害你了。第一个根据在第几自然段？

生：第17自然段和第19自然段都有，一个是"对鸟笼凝望着"。

师：大家标记一下，一直对鸟笼凝望着。

生：他们找到小忧郁的时候，看到它嘴里在嚼着东西。

师：在哪一段？

生：第27自然段。

师：哦，看到嘴里好像在吃着什么东西。他找了两个根据：一是第17自然段，说这只猫有事没事常常对着鸟笼子看，二是鸟被吃掉以后，它嘴里在嚼东西。

师：有没有第三个根据？

生：有。

师：哪一段？（走向举手学生）

生：第25自然段，它畏罪潜逃了。

师：对，畏罪潜逃。三大罪状！可能还有其他的，我们就不找了。所以，主人一家判定它吃了鸟有三个根据。大家试着想一想，这三个根据能不能作为根据？

生：（齐答）不能。

师：为什么不能？

（生各抒己见。）

师：我要你们从作者描写的语言中找到根据。

生：他有句话是，"态度很安详，嘴里好像还在吃着什么"。

师：你看到了哪个词？

生：我看到了"好像"这个词。

师：好像吃东西是不是一定吃东西啊？大家把这个词也圈一下，很关键！跟"好像"作用相似的词，还有没有？

生："我以为"。

师："我以为"是在哪个自然段？

生：第25自然段。

师：你说说看，为什么"我以为"不能成为根据？

生：因为是我的猜测。

师：是我主观臆断的，对不对？

生：对。

师：注意前面，真是"畏罪潜逃"了，里面有什么标点符号？

生：双引号。

师：你们知道双引号起什么作用吗？

生：告诉我们这个证据不能成立。

师：对！这是你自己想的对不对？其他还有没有？还有第 17 自然段，有没有？那只花白猫对于这一只黄鸟——怎么我不说你们就不跟着读呢？

生：似乎。

师："似乎"也应特别注意，是不是一定？

生：不是。

师：其实，假如第三只猫是真的特别注意这只鸟，常常看，能不能判定就是它吃的？

生：（纷纷摇头）不能。

师：好的，猫和人的故事说完了。小说就是通过一个虚构的故事，告诉我们人是怎样的，人性是怎样的，世界是怎样的。

我们最后再完成一个任务，就是给这篇课文配一个插图。你们觉得如果给《猫》这篇小说安排一个插图，用哪一只猫的形象比较好？

生：小忧郁。

师：因为小说就是围绕着它的故事，是吧？你们看看教材中的插图是不是第三只猫？

（生回答不一。）

师：大多数学生认为是，认为不是的举手。我们请个女同学说吧，你为什么认为这个插图不是第三只猫？

生：我看它的体型不像第三只猫那样瘦，而且它的表情没有那种忧郁。

师：这个体型是属于偏胖的。但大家想一想，判定这幅插图是不是小忧郁，主要从哪些方面判定比较好？

生：忧郁。

师：忧郁是从哪里看出来的？

生：眼睛。

师：哦，眼睛，请跟这只猫的眼睛对视一分钟。（全班笑）这个是不是第三只猫的眼睛？这只猫的眼睛忧郁吗？

生：不忧郁。

师：嗯，好的，非常好。看来这的确不是小忧郁的照片。可是，我看了上千张猫的照片，所有猫的照片不是花球就是皮皮黄，为什么生活里找不到第三只猫的照片呢？原来人们都喜欢活泼的、可爱的、花球一样的猫。对此，黄老师很有感触，不知道你们有没有感触？生活就是这样，人人都喜欢白天鹅，但大多数是丑小鸭。

哎呀，一篇好小说是读不完的。你可以回去慢慢读、慢慢想，看看这只猫还让你想到了什么，想想小说到底怎么读才更好玩、更有意思！

好，下课，同学们！

生：老师，再见！

师：同学们，再见！

《台阶》教学实录

师：同学们，课文看了吗？

生：看了。

师：我来看看大家有没有用心感受课文。这篇课文是一篇小说，但它和其他小说不一样的是，它有很浓的散文味，语言很美，很有意境，还很有意思。会读小说的人，可能会过目不忘。你能说说这篇课文里哪些句子让你过目不忘？

（略去学生的交流。）

师：好了，我们回头梳理一下，刚才这么多让我们难忘、引起我们思考的细节，都和哪个形象有关？

生：父亲。

师：大家都很会读小说，读小说就是要抓住形象。除父亲这个形象以外，还和哪个形象有关？

生：台阶。

师：这篇小说的核心意象有两个：一是台阶，二是父亲。现在提高要求，你能根据这篇文章的内容，把父亲和台阶连在一起说一句话吗？

生：父亲为造高高的台阶而付出一生。

师：一句话把小说的内容全部概括出来了，多好！

生：父亲渴望家里有一个高高的台阶。

师：刚才两个同学都是用"父亲"开头，哪个同学能倒过来用"台阶"开头？

生：台阶是父亲耗尽一生想要追求的目标。

师：很好。还有没有同学说说？

生：高高的台阶造好了，父亲也老了。

师：很好。我们概括一下，台阶是父亲一生的追求，是父亲一生的向往。这篇小说写的是父亲与台阶的故事，通过台阶写出一个性格鲜明的父亲，也写出父亲的一生。同学们，如果你有这样一位父亲，喜欢不喜欢？喜欢的请举手，不喜欢的请举手。你来说说，为什么喜欢这位父亲？

生：因为父亲为了后代能过上幸福生活付出了自己的一生。

生：我喜欢又不喜欢，喜欢他的勤劳和执着，不喜欢他的逞强。

师：大部分同学喜欢父亲，但这位同学读得深，还读出了父亲的逞强。这篇小说中，台阶是重要的形象，父亲也是重要的形象，那为什么不用"父亲"作为题目呢？

生：台阶是线索，贯穿全文，还可以刻画父亲的形象。

生：我认为台阶象征着父亲。

师：这是从台阶的角度来说的，还有从父亲的角度来说的吗？

生：以"父亲"为题目的文章太多，而且太直接了。

师：总结一下，你们的观点是，这篇文章写台阶就是为了写父亲，写的父亲就是这位父亲。有没有同学想过，这篇小说里的父亲是不是作者的父亲呢？

生：不是。我认为这位父亲还象征着有追求的农民形象。

师：读小说，就是要由一个人读出一类人。父亲是勤劳、执着、有目标的农民的代表。我们来读课文的阅读提示："小说用第一人称叙述了'我'父亲与台阶的故事。"这句话中的"我"，加引号是什么意思？

生：小说中的"我"不是作者自己。

师：对的，小说中的"我"不等于作者自己。那么，小说中的父亲是不是作者的父亲？

生：不是。

师：是啊，刚才有位同学说是"象征"，很准确，说明父亲是一类人的代表。那父亲是哪些人的代表？

生：是生活在农村，为自己的梦想、目标而奋斗的一群人的代表。

师：用一个词来概括，他就是什么的代表？

生：农民。

师：是的，是富有理想、追求的农民的代表。你能不能根据课文，找到具体内容说明父亲是农民？

生：第5自然段，父亲洗脚洗出一盆泥浆，可见他的勤劳。

师：好，我们看看还有哪些句子能体现父亲的农民特点？

生：第15自然段，"冬天，晚稻收仓了，春花也种下地，父亲穿着草鞋去山里砍柴"。

生：第11自然段，"于是，一年中他七个月种田，四个月去山里砍柴，半个月在大溪滩上捡屋基卵石，剩下半个月用来过年、编草鞋"。

生：第12自然段，"父亲挑一担谷子回来"，只有农民才会挑谷子。

师：我们刚刚是从父亲的脚和做的事情中感受到父亲是农民，那能不能从父亲的外貌中看出他的农民特点？

生：父亲穿的是草鞋。

师：而且穿破了很多草鞋。我们抓住了不少细节，读出一个勤劳、辛苦的父亲的形象。看出一个人的外在特征是很容易的，有同学能看出父亲作为农民的内在特征吗？

生：第9自然段，"父亲老实厚道低眉顺眼累了一辈子，没人说过他有地位，父亲也从没觉得自己有地位"。从这里可看出父亲的老实、厚道。

师：很好！还有吗？

生：第27自然段，"正好那会儿有人从门口走过，见到父亲就打招呼说：'晌午饭吃过了吗？'父亲回答没吃过。其实他是吃过了，父亲不知怎么就回答错了。第二次他再坐台阶上时就比上次低了一级，他总觉得坐太高了和人打招呼些有不自在"。

师：从这里，可以看出父亲有什么特点？

生：父亲很谦卑。

师：有道理！大家看"晌午饭"的"晌"是什么偏旁？

生：日字旁。

师：第几声？

生：第三声。

师：这部分不仅写父亲的谦卑，还写出父亲坐在新台阶上的不自在。还有吗？

生：第28自然段，"我连忙去抢父亲的担子，他却很粗暴地一把推开我：'不要你凑热闹，我连一担水都挑不——动吗！'"从这里看出父亲是很要强的人。

师：哪个词看出父亲很要强？

生："粗暴""推开我"。

师：大家理解得已经很深刻了，但是还可以有不同的理解。我下面将作者写的一段话读给你们听，看你们能不能有新的理解。他说："在中国乡村，一个父亲的使命也就这么多，或造一间屋，或为子女成家立业，然后他就迅速地衰老，再也不被人关注。我只是为他们的最终命运而惋惜，这几乎是乡村农民最为真实的一个结尾。"他们一辈子就是为了干什么？

生：造屋子，为子女成家立业。

师：一辈子，一座房，这就是父亲一生的写照，也是农民一生的写照。

后面还有个高难度的"台阶",大家敢不敢爬?

生:(齐)敢。

师:我们刚才是通过两个形象来读这篇小说。除了父亲和台阶这两个形象外,这篇小说还有一个形象,是什么?

生:"我"。

师:对了,小说中还有一个"我",这不能忘掉。除此以外,还有一个形象,是谁?

生:母亲。

师:会读小说的人,不仅会关注人人都关注的形象,还会关注别人不大关注的形象。你们觉得,"我"和母亲这两个形象,哪一个更重要?

生:"我"。

师:为什么?

生:因为全文都是关于"我"和父亲的。

师:是的,全文内容都是通过"我"来写父亲,通过"我"的眼睛来观察父亲。父亲的这些事,母亲有没有看到?

生:有。

师:母亲有没有像"我"这样去想?

生:没有。

师:我们看看这篇小说为什么要通过"我"来写父亲。先看这篇小说写台阶,一共写了几个台阶?

生:两个。

师:哪两个?

生:一个老台阶,一个新台阶。

师:老台阶几级?

生:三级。

师:新台阶几级?

生:九级。

师:父亲对两个台阶的态度有没有不同?

生：有。

师：有什么不同？先看对老台阶的态度。

生：不满意。

师：哪里能看出父亲的"不满意"？

生："父亲总觉得我们家的台阶低。"

师：这句话中，哪个字最能看出"不满意"？

生：总。

师：不错。那么，父亲对新台阶的态度是怎样的？

生：不自然，不习惯。

师：你们是从哪里看出来的？

生：倒数第4自然段，"一副若有所失的模样"。

师："若有所失"是什么意思？

生：好像失去了什么。

师：你们能不能告诉我，父亲造好了台阶，失去了什么？

生：劳作的乐趣。

师：也就是奋斗的目标、热情。还失去了什么？

生：时间。

生：坐台阶的那份感觉。

师：你们从哪里能看出父亲坐在新台阶上没有感觉、不自在？

生：第27自然段："第二次他再坐台阶上时就比上次低了一级……但门槛是母亲的位置。"

师：这段文字告诉我们，父亲造了新台阶以后不习惯、不自在，"若有所失"。他失去的是几十年的时间，是坐台阶的感觉，更是精神上的追求和依托。父亲对新台阶不习惯、不自在，"我"对台阶是怎样的态度呢？我们先看"我"对老台阶喜欢不喜欢？

生：喜欢。

师：说说依据。

生：第4自然段："母亲坐在门槛上干活，我就被安置在青石板上。……

再后来，又跳三级，啪！"

师："父亲总觉得我们家的台阶低"，如果把"父亲"读成重音，大家能体会到什么内涵？

生：我和母亲并不觉得家里的台阶低。

师：是的，看出"我"对老台阶很喜欢，而父亲不满意，这起到了什么作用？

生：对比。

师："我"在小说中可以衬托父亲对台阶的态度。这篇小说中，"我"的作用很重要，通过"我"来写父亲，这就是小说的视角。"我"的母亲在小说中有没有作用？她有没有觉得台阶低？

生：没有。

师：所以，母亲在一定程度上也起到衬托父亲形象的作用。

师：还有一级更难的台阶，爬不爬？

生：爬！

师：我们一起读小说最后三个自然段。

（学生读。）

师：刚才都是黄老师提问让你们思考，那么，你们能不能提个问题让黄老师思考？

生："怎么了呢，父亲老了"，这个结尾有哪些含义？

生："父亲又像问自己又像是问我"，父亲有怎样的心情？

师：你们很会提问，这两个问题都很好！先解决第一个问题。你们说，父亲毫无生机，是不是仅仅因为他老了？还有其他原因吗？

生：台阶造好了，父亲也失去了努力的方向。

师：父亲若有所失，有些迷茫，不是因为他老了，而是因为失去了目标。你们看，黄老师也够老了吧，但我还是富有生机的。（生笑）一个人的年龄与有没有生机没有必然的联系。所以，重要的不是实现理想，而是实现理想后不迷茫。

还有一个问题，父亲为什么"又像问自己又像是问我"？告诉大家一种思维方式，"又像问自己又像是问我"言下之意是"既不是问自己也不是问我"，那么是问谁呢？

生：问读者。

师：你真厉害！这是对所有人的发问。这篇小说不是仅仅写一个父亲，也不是仅仅写一个将造一间房子作为理想的农民，而是让读者思考：实现理想后为何迷茫？能不能在最后一节前加上"我说"，变成"我说：'怎么了呢，父亲老了。'"

生：不能。小说中的这句话不是"我"对父亲说的。

师：对！加了引号，就变成对"父亲"一个人说的。不加"我说"，可以看出是作者对所有人说的，是对所有读者说的，是让我们思考：除"父亲老了"之外，可能还有很多原因。

师：这里通过"我"写出小说深刻的主题。能不能把小说改成母亲的视角来写？如果改成母亲的视角，第一句话应该怎样写？

生：老头子总觉得我们家的台阶低。（生笑）

师：如果改为母亲的视角，最后几段能像现在这样写吗？

生：不能。

师：不能。这不符合人物身份，也不符合人物关系。这就说明小说视角的重要性。

还有最后一级台阶敢不敢爬？

生：敢！

师：教材中，这篇课文有没有插图？

生：有。

师：父亲坐在哪个台阶上？

生：看不清。

师：是的。看不清楚。你们说说，父亲会坐在哪个台阶上呢？

生：老台阶。

生：新台阶。

师：说说理由。

生：父亲不习惯新台阶，只能坐在老台阶上。

生：父亲一生就是要造一个新台阶，只能坐在新台阶上。

师：父亲坐在新台阶上，会坐在哪一节上呢？——好的，这是一个有意思的问题。同学们能不能创作一幅插图解决这个矛盾呢？好的，这个问题留到课后再思考交流吧。下课。

第二课
散 文 教 学

我的说法

由个性话语指达个性心灵

讨论散文教学的特征前，应该先对"散文"这个文体有一个基本明确的认识。

对于散文，一直有多种理解。不同时代有不同的理解，同一时代也有不同的理解。古代的文章学，除了韵文都是散文，《春秋》是散文，《论语》是散文，《史记》也是散文。今天的散文，仍是一个复杂的概念，有广义和狭义之分。这里讨论的是狭义的散文，有人称为文学散文、现代散文。

郁达夫认为，现代散文有四个特征：一是个性化；二是题材广泛；三是表现人性和社会性；四是幽默。五四新文化运动的一个重大贡献就是解放了人的心灵。古代散文的核心是"道"，五四时期的现代散文写的不再是"道"，或者说不仅仅是"道"。是什么呢？我个人理解，是个体心灵的自由表达，是个体性情的自我表现。

因此，散文的主要特征就是用高度个性化的话语方式表达高度个性化的人生体验和生活感受。散文阅读，就是分享作者的生活感受和人生体验，欣赏作者个性化的表达方式；散文教学的主要内容就是品读和欣赏作者的个性表达方式，解读作者对人生、生活的个性化体验和感悟，并在这个过程中走进作者的个性心灵。

对照这样的基本认识，当前散文教学的问题是比较严重的，具体如下。

（1）把作者的个性化体验提升为普遍的生活认识。

散文的珍贵价值就是作者在文章中表现出个人在特定情境中的生活体验

和人生感受。可是有些老师的散文教学，却将这种个性体验提升为普遍的生活认识和社会问题。最典型的是教学杨绛的《老王》，常常上升到对弱势群体的关注，或者是对"文化大革命"那个年代的认识。甚至有老师安排学生以已在天堂的老王的身份给现在的北京市长写信反映问题。又如，教学《济南的冬天》讨论最喜欢哪个季节，教学《心田的百合花开》讨论学生是否喜欢百合花，教学《白杨礼赞》讨论怎样学习白杨树的精神品质，更是常见的做法。教学《昆明的雨》，大多数老师就是让学生认识昆明的雨有什么样的特点，完全忽视这是作者汪曾祺心中的"昆明的雨"，绝不是昆明的雨就是如此，更不是闻一多心中的"昆明的雨"。甚至，有的老师还让学生由陈园园联系抗日战争的背景大谈爱国、爱家乡。

（2）仅仅关注作者言说的内容，忽视对作者内在精神的关注。

体味作者的内心感受，解读作者的心灵世界，应该是文学散文教学的重点。但很多散文教学基本不关注作者（除了作者介绍）的内在体验和心路历程，如教学《藤野先生》就只有"藤野先生"，教学《从百草园到三味书屋》就只有"百草园"和"书屋"，教学《老王》只关注老王（这固然不错，但不是目的）、那个时代、弱势群体而不去关注杨绛，即使关注了杨绛，也是贴一个标签了事。有老师教学《安塞腰鼓》，居然让一个学生扮演作者刘成章，接受几个由学生扮演的记者的采访，采访的问题居然是：你打过腰鼓吗？你现在来到了济南还要不要回到贫穷的家乡？完全把"作者"拉出文本。那个扮演作者的学生如何有作者写作时的心灵体验呢？教学朱自清的《荷塘月色》，只是关注"荷塘"和"月色"及作者怎样写荷塘、写月色，对作者内在体验的关注远远不到位。

（3）关注知识性的写作技巧，忽视对个性表达方式的深入体味。

即把作者的个性表达变成一种对公共知识的学习，比如，把所有散文的结构都拉进"形散神不散"是最典型的表现。所谓的语言品味，也是把各具个性的散文表达变成一些知识性的修辞手法和公式化的答题要点。如果无法套进既定的套路和知识，就觉得"没有内容可教"。汪曾祺的散文《昆明的雨》和《葡萄月令》找不到"形散神不散"的结构特点，于是有些老师便觉得不好教。殊不知，这种独特的、看似随意的结构，背后正是作者个性心灵的表现。

更多的是用现代信息技术代替对个性表达方式的感受和体悟。用视频和画面欣赏代替对文本的阅读和对文字的品读，已经成为语文教学的灾难，散文毫无疑问是一个重灾区。视频的强烈抒情性、感染力和画面的直观美感，貌似和散文的抒情性与感染性有某种吻合之处，但来自视频的抒情性和感染力绝不能代替对文本和文字的品读、体悟。这种外来的抒情性、感染力和画面感不仅根本无益于教学，而且深深地伤害了学生对语言文字的感受。有老师教学刘成章几百字的《安塞腰鼓》时要播放几次视频，一会儿是安塞风光片，一会是安塞腰鼓表演；教学朱自清的《荷塘月色》时，没有上课，就有一池荷塘显示在屏幕上。

那么，应该怎样进行散文教学呢？

1. 通过对个性话语方式的品读，体味作者的生命个性

散文的语言是高度个人化的话语方式，这种话语方式不仅是作者表达心灵、书写心灵的"工具"，其本身就是作者个性心灵的表现。所以，阅读散文和散文教学都要首先从感受、品读作者话语的个性特点入手，并由此进入作者的心灵世界。

我教学汪曾祺先生的《葡萄月令》时，第一个问题是：哪个词语在文章中出现的次数最多？有学生说是"葡萄"，有同学说是"了"，有同学说是"呢"，有同学说是"哎"。我的目的不是找答案，说"了""呢""哎"的都很好。尽管我知道除了葡萄外，是"了"字出现的次数最多，有60多次，但也不去计较到底哪个最多。我和同学们要讨论的是什么样的人说话会"了"多、"呢"多、"哎"多呢？很显然，是小孩子说话时这样的语气词特别多，常见于口语中。儿童化、口语化，就是汪曾祺散文的语言特点。作者这么大的年纪，写这样的文章，为什么要用很多的"了""呢"和"哎"呢？第一，随意而自然。第二，他有一颗孩子般的心。他是以一个孩子的口气在写这篇文章，在和我们说葡萄的事情。我再让同学们读课文，看看文章里哪些地方

还可以看出作者是在用孩子的口吻在写。这时候，我们已经初步触碰到作者的内心世界了。

琢磨了用词的特点，我再问：文章的语言上，什么样的句式多？有的同学说比喻多，有的同学说拟人多。我说，都对，但这不是句式，而是修辞。我和同学们一起读了文章开头的几个小段，大家很快发现是短句子多。那么，作者为什么要用这么多短句子？对，仍然是孩子的特点，孩子说话短句子多。短句多，还有什么好处呢？我请一位同学朗读第二小节，一起来品读。然后，我们围绕"雪静静地下着。果园一片白。听不到一点声音。"这几个句子展开讨论：前面的两个句号能改成逗号吗？如果改了，读法有什么不一样？表达的内涵有什么不同？同学们都知道改为逗号就要把它当成一个句子来读，停顿要变短；用句号，停顿要变长，就要把它读成三个句子。那么，读成三个句子和读成一个句子，内涵有什么区别呢？同学们发现，读成一个句子是一幅画，读成三个句子是三幅画。这就触碰到了作者的心灵：这是一个心中有画的人，这是一个在那样的年代、那样的生活处境而在葡萄园中时时处处看到画的人。葡萄园在他心中是那么美丽，时时如画，处处如画。如果只是客观地写春天的葡萄园、秋天的葡萄园、冬天的葡萄园，就是说明文了。在写葡萄园的过程中写出作者心中的画，这就是散文。从语气词、句式、标点里读中画来，读出作者心目中的画来，从文字中读出作者的心灵，这就是散文教学。

2.通过个性化学习活动连接"语文经验"和"人生经验"

王荣生教授说："散文阅读教学，实质是建立学生已有经验与'这一篇'散文所传达的作者独特经验的链接。"他认为：学生的已有经验，笼统地讲，包括语文经验和人生经验。作者在"这一篇"散文里所传达的独特经验，也可以分为语文经验和人生经验。

就散文教学而言，在学生和作者两个经验的"链接"中，更主要的是借助作者的语文经验和人生经验来丰富学生的语文经验和人生经验，进而提高学生的语文素养。

我经常说一句话：语文课不能"讲"道理。不"讲"道理，就是不能说教，更不能强硬灌输某些空洞的、自己不懂与不信的人生教条和口号。但这并不是说语文教学不要"立德树人"，不要"情感态度与价值观"。那么，应该怎么做呢？就是在具体的语文学习活动中引领学生的精神成长。用王荣生教授的话来说，就是将作者和学生的语文经验、人生经验相链接，进而丰富学生的语文经验、人生经验。

教学《背影》，当同学们抓住父亲买橘子那段很容易就读到深深的父爱时，我介绍了作者父子关系的一组材料，让同学们发现父子之间的矛盾和隔阂，再引导他们抓住文本理解父子的距离、父子的矛盾，理解父亲为了消除这个距离和矛盾所作的种种努力，理解作者直到读了父亲的一封信才真正理解父亲的"不容易"。接着，我组织了这样一个语言活动：中国人有一个形容父爱的比喻，叫"父爱如山"，请同学们根据自己对课文的理解，在"父爱如山一样_____"的横线处填写适当内容，说说对父爱的理解。有的同学说，父爱如山一样的崇高；有的同学说，父爱如山一样的沉重；有的同学说，父爱如山一样的坚硬；有的同学说，父爱如山一样的内敛；有的同学说，父爱如山一样的坚实；有的同学说，父爱如山一样的厚重；有的同学说，父爱如山一样的高大……我说，同学们对父爱有了更丰富也更深刻的理解，认识到有一种坚硬的爱叫父爱，说明你们对爱的理解深刻了、丰富了。我们不能以为爸爸妈妈给你买橘子就是爱，也不要认为你要什么爸爸妈妈就买什么才是爱。严格的要求，严厉的批评，沉重的压力，甚至必要的惩罚，都是爱；有时候，冲突、矛盾并不能影响父子之间、母子之间的爱。你们还要知道，这种爱表面是坚硬的，但内在是柔软的。就和山一样，外表是坚硬的，下面都是柔软的、滚热的。所以，大家一定要知道，有一种爱坚硬而柔软，我们把它叫作父爱。

再如教学《葡萄月令》时，为了使学生和作者的心灵相通，我组织了一系列的语文学习活动。首先，让同学把《葡萄月令》压缩为尽可能短的一段话。接着，让他们给这段话加一个标题。他们加的标题是"葡萄的生长周期""葡萄的生长过程"。我问：这段话能不能用"葡萄月令"作题目？课文题目能不能换成"葡萄的生长周期""葡萄的生长过程"？有的同学说不能。我说，我查了工具书，词典中"月令"的解释有一个义项就是植物的生长周期。为什么不能呢？学生说课文的题目如果用"葡萄的生长周期""葡萄的生长过程"就不美了，就和课文内容不相称了。这就是散文和说明文的区别。尽管"葡萄月令"和"葡萄的生长周期""葡萄的生长过程"没有什么差别，但我们缩写的那段话只能用"葡萄的生长周期""葡萄的生长过程"，因为它是一段说明文字；课文的题目只能用"葡萄月令"，因为它是一篇散文，融入了作者的人生体验和人生感悟。现在，大家都在谈核心素养，什么叫核心素养？这就是核心素养，有语言运用，有审美鉴赏，也有文化理解。

接下去，我让同学们思考：这篇课文是说明文的内容、散文的意境、诗的语言，什么样的人才能写出这样的文章来呢？有人说是熟悉葡萄的人，有人说是有文学才华的人，有人说是热爱生活的人，有人说是积极乐观的人。都不错，但都还没有真正走进汪曾祺的内心世界。然后，我读了他女儿写的关于这篇文章的一段话，让同学们了解这篇文章的写作背景。作者和一批知识分子一起下放到农场劳动，他的工作是照管一片葡萄园，浇水、施肥、掐须、打药水，什么活都干。和他一起下放的那些知识分子，很多人受不了，有的病了，有的自杀了，而作者却乐在其中，干得不亦乐乎。他在葡萄园里看到一幅幅画，并用诗一样的语言来描写葡萄园，这是多么了不起的精神世界。于是，学生有了新的理解和发现，作者是一个能够坦然面对各种生活际遇的人。这时，学生的精神世界和作者的精神世界打通了，学生的生活感受和人生体验因作者的人生体验和生活感受而更加丰富。

最后，我让学生完成一个语言活动：根据课文用一个比喻说说汪曾祺和葡萄园里的葡萄是什么关系。有同学说是主仆关系，有同学说是情人关系，有同学说是父子关系。我让他们抓住文本进行说明。经过讨论，大家一致觉得比较好的说法是父子关系。课文里有大量的根据："浇了水，不大一会，它就从根直吸到梢，简直是小孩嗫奶似的拼命往上嗫。""葡萄抽条，丝毫不知节制，它简直是瞎长！""葡萄不招虫。葡萄会生病，所以要经常喷波尔多液。""去吧，葡萄，让人们吃去吧！""十月，我们有别的农活。我们要去割稻子。葡萄，你愿意怎么长，就怎么长着吧。""葡萄窖里很暖和，老鼠爱往这里面钻。它倒是暖和了，咱们的葡萄可就受了冷啦！"当然，最能说明汪曾祺和葡萄是父子关系的句子是："九月的果园像一个生过孩子的少妇，宁静、幸福、而慵懒。"葡萄园是葡萄的妈妈，汪曾祺就是葡萄的爸爸。抓住这些语句，不难读到一个父亲的角色和心情。我想，教学到了这个时候，学生读懂了文章，也读懂了作者，自己的精神世界也一定更加丰富。学生的语文经验、人生经验和作者的语文经验、人生经验实现了很好的链接。在这个过程中，学生的语文素养得到应有的提高。

3. 通过具体作品的阅读认识和欣赏作者的个性风格

郑桂华老师谈到散文教学的路径时说：确定一篇散文的教学内容，应该有个合宜的路径。她把这个路径分为四个步骤：（1）辨体；（2）识人；（3）断文；（4）选择教学点。辨体，就是熟悉散文的整体知识，确定这篇散文的大体属性；识人，就是弄清作者在整个散文谱系中居于什么位置；断文，就是发现一篇散文的具体特点，也就是发现一篇散文在作者作品谱系中的地位。这三点都和认识一个作者、作家的风格与话语个性有关。有人说，风格即人。一个作家的作品，尤其是代表作，必然是他风格的体现，也是作者其人的表现。据我了解，很多老师的散文教学是就篇论篇的，很少顾及作家或作者的风格和话语个性，更少关注他在散文谱系中的位置。这对于中学语文教学来说，肯定是有问题的。教学鲁迅和周作人的散文，教学朱自清和余光中的散文，如果无视他们话语方式和风格的不同，只是一味照搬教科书上的关于散文的知识，照搬程式化的教学思路和方法进行教学，对学生到底是益大于害还是害大于益是很难说清楚的。

语文的积累是多方面的，语言的积累、知识的积累、思想的积累和生活的积累都是最基本的内容。对不同作家的话语方式、风格的认识和阅读经验的积累，对学生语文素养的提高也是很重要的。

因此，教学散文时，要有意识地培养学生对不同作者话语方式、风格个性的认识和欣赏，提高他们的阅读能力和欣赏能力。所以，我们常常根据文本特点，有意识地组织一些学习活动，引导学生关注作者的话语个性和风格特点。教学汪曾祺的《葡萄月令》时，其中有一个活动是：有人说汪曾祺的散文是"随意的经营"，请说说这篇散文是如何体现这一特点的，哪些地方体现了他的"随意"，哪些地方体现了他的"经营"。通过阅读课文、讨论交流，大家明确：这篇文章是按照时间顺序安排的，从1月到12月，逐月写过来，作者还常常旁逸斜出、节外生枝地写一些看似可有可无的内容，这就是他的随意；根据葡萄的生长规律和特点，紧扣文章主旨，12个月有轻有重，有详有略，恰到好处，看似节外生枝的内容，其实都是为文章主旨服务，而且形成恰到好处的行文节奏，这便是作者的"经营"。教学他的《昆明的雨》，从"雨"中看出他的随性的个性特点之后，我安排了这样一个学习活动：作者是随性为人，也是随性为文，请阅读课文说说从哪里可以看出作者是随性为文的。阅读课文不难发现，文章中用破折号引出的内容，某种意义都是可写可不写的；文章的首尾似乎也有点游离于全文，或者说显得结构不够严谨，但作者信笔而来，随性而发，行所当行，止所当止。这样的阅读可以让学生对汪曾祺的个性话语方式和独特风格渐渐有比较清晰的认识和深入的了解。

从这个意义上说，适当组织一些同一作者的散文小群文阅读或者同一话题不同作者的散文小群文阅读，都是有必要的。如果能安排合适的学习活动，效果应该是好的，最根本的是在单篇的阅读欣赏中认识作者的话语个性和风格特点。

我的课例

《老王》教学实录

师：今天，我们一起学习《老王》。这是一篇现代散文，是一篇写人的散文。我们先来看看老王是个什么样的人。请大家阅读全文，找出文中概括老王特点的词。

生：老实。

师：请告诉同学们在哪一段。

生：在第5自然段。

师：请大家标画出来。还有吗？

生：不幸。在第3自然段。

师：很好。不幸，在第3自然段，而且不止一个。课文最后一段也有。

生：第2自然段，脑袋慢。

师：哦，"脑袋慢"。这个词加了引号，表示特定内涵。大家说说这个"脑袋慢"是什么意思？

生：滞笨。

师："滞笨"？课文里有吗？这两个词能互相解释吗？不太好，"滞笨"一般是写动作，"脑袋笨"是写思想。第2自然段有一个词可以用来解释——

生：失群落伍。

师：对，失群落伍，是指思想上落伍。其他骑三轮车的都已经加入组织了，他还没有加入。这就是落伍、"脑袋慢"。

有一个问题，大家有没有注意？作者"我"认为老王"老实"，但也有人认为他"不老实"。"不老实"有许多内涵。比如，有人有小偷小摸的行为，我们会说这个人不老实；有人爱撒谎，我们也会说这个人不老实。你们说说，老王的"不老实"，可能指哪方面？

（学生没有反应。）

师：大家移到第3自然段看看整个句子："有人说这老光棍估计年轻时不老实。"需要注意两个词：一个是"光棍"，光棍不老实会干什么"坏事"呢；还有一个是"年轻"。年轻时候不老实，年轻的光棍不老实，会干什么"坏事"呢？这个"不老实"的说法是否可靠，我们不敢断定，但我们可以由此看出老王在他那个群体中是被人嘲笑的对象，是被人当作笑料的。这恰恰使我们看到他的"老实"。而且，一个年轻光棍做些不老实的事，也不一定是坏事，应该是正常的精神需求和情感需求。对不对？

生：呵呵呵呵呵……

师：我们刚才是从"不老实"中看出了他的老实。他还有哪些老实的表现？

生："落伍"也说明他老实。

师：对。想想看，形势变了，他反应不过来，等他反应过来的时候，人家不要他了。这就是老实。"老实"这个词的内涵也很丰富，可以是肯定，也可以是否定；可以说是不灵活，也可以说是不能干。鲁迅说，"老实是无用的别名"。大家想一想，老王的"老实"是指什么？

生：我觉得是一种诚实，也是一种善良。

师：诚实，善良。

生：还可以是正直。

师：都不错。我们再看作者用哪些事情表现了他的老实，写了哪几件事？

生：送冰。

师：对，送冰。大家能从"老王给我们家楼下送冰愿意给我们家带送"这句话读出什么言外之意？

生：别人不愿意。

师：其他人不愿意而老王愿意，这表现了老王的老实。老王的老实更表现在他不但愿意带送，而且——

生：减半收费。

师：老王为什么要减半收费？

生：因为是顺带送的。

师：你看多老实的一个人。不欺负外来户，不欺负好欺负的人；顺带的，就收一半钱。这是够老实的。还有表现他老实的其他事吗？

生：还有。

师：对，还有。哪一件事？

生：送钱先生。

师：送钱先生看病不要钱，是吧？那么，送钱先生看病不要钱，我们能从中看出老王是什么样的老实呢？请同学们来读一读，看这句话该怎么读。

生：（读）我送钱先生看病不要钱。

师：大家注意他的重音在哪里？对，不太清楚。大家体会一下，重音应该在哪里。

生：在"钱"。

师：哪个"钱"？

生："钱先生"的"钱"。

师：可是老王为什么"送钱先生看病不要钱"呢？当然，我们现在都知道钱钟书先生是一个学术传奇、学术大师，可那个时候知道这一点的人并不多。黄老师不知道，老王更不知道。那时候，钱先生就是一个被下放的知识分子，一个失势的文化人。正因如此，愈加可见老王的可贵和善良。他"送钱先生看病不要钱"是因为什么？

生：因为钱先生夫妇对他好，钱先生一家都对他好。

师：对。这是知恩图报。

生：因为钱先生夫妇是好人。

师：尊重好人的人也一定是好人。

生：钱先生病了，他同情钱先生，就是对他的不幸的同情。

师：是一种同情。一个不幸的人对一对不幸的人的同情，一个拉车的对两个文化人的同情。

生：还有一个原因，钱先生是个老主顾。

师：分析得很好。老王不要钱肯定不是因为钱先生在中国学术界的地位，但我想他一定知道钱先生是文化人。所以，如果说这是不要钱的原因，可能隐含着普通拉车人对文化人乃至对文化发自内心的尊重，并不牵强。倘若这一点成立，在那样的年代该是多么可贵！

好的，我们就不拔那么高了。简单说，不要钱是因为同情、感激，因为是老主顾。可见老王的"老实"不是无能，不是不灵活，也不是不能干，而是一种善良的品性。有人说过，一个人最美好的品德就是善良。刚才我们解读了老王的老实、善良，那么作者除了写老王的老实、善良，还花了很多笔墨写什么？

生：写他的不幸。

师：大家觉得老王有几大不幸？

生：他是有病的。

师：有病。对，第一个不幸可以说是残疾，眼残。第二个不幸呢？

生：没主顾。

师：对，被"组织"抛弃了，拉车的没车拉了。第三个不幸呢？

生：我觉得是经济方面的。

师：经济贫困。还有吗？

生：年迈。

师：年迈？年迈也是不幸吗？黄老师也快年迈了，就是不幸吗？

生：孤苦伶仃。

师：这一点很重要，孤苦伶仃，没有亲人。归纳一下，有四大不幸：身体残疾，失去组织，没有亲人，经济贫困。其实，还有其他的不幸，比如遭人嘲笑，被人戏弄等，大家想一想：你觉得老王认为自己最大的不幸是什么？

生：孤苦伶仃。

生：失群落伍。

生：遭人嘲笑。

师：都有道理。其他同学有没有不同意见？如果在几个不幸中选一个，你们觉得哪一个对老王来讲是最大的不幸？（学生没反应）我们换一个角度思考，老王最大的渴望是什么呢？他心中最渴求的是什么呢？（学生还是没反应。）

好的，我们来看课文第4自然段，（教师读）"有一天傍晚，我们夫妇散步……问起那里是不是他的家"，这个问题老王是怎么回答的？

生："住那儿多年了。"

师：这个问题，一般应该怎么回答？

生：是，或者不是。

师：对。可老王为什么这样回答呢？这个回答说明是还是不是呢？

生：是，也不是。

师：非常好。是他家，因为他住这里；但又不是他家，因为这不是他心中的家，在他心中这不像家。是啊，老王多想有个家啊！他心中的家应该有什么呢？他想要一个什么样的家呢？——有亲人，有妻子，有孩子，他渴望亲人的关爱、亲情的温暖。

好的。我们刚才通过文中的一些关键词理解老王，然后又通过作者所写的具体事件理解老王，还通过别人的态度理解了老王，试图走进老王的心中理解老王。我们知道了老王的善良、老王的不幸，下面再深入一层，从作者与老王的关系入手进一步理解老王，也深入理解作者。

下面，老师读一下文章的第8自然段，看同学们听我读完之后会不会产生一些疑问。

（教师读课文第8自然段。）

师：同学们有什么疑问？

生：最后一句话问"老王，你好些了吗？"但是实际上，"我"前面已经看出老王的身体不好了。

师：你的问题是，已经知道老王身体不好为什么还要问这句话，对吗？很好。大家说一说为什么问这句话。

（学生议论。）

生：关心。

生：客套。

师：对，大家说得很好，看起来是关心，更多的是客套。这个客套，值得注意，也耐人寻味。有没有其他疑问呢？

生：老王为什么突然来到作者的家？

师：对，老王病得那么重，为什么还要来作者家呢？来干什么？这也是个值得关注的问题。如果从写作方法的角度看，大家有没有疑问？看来大家没有想到。黄老师读到这里，产生了两个疑问：一般描写一个人，总会在字里行间渗透着作者的情感，作者为什么要用这样的笔调描写老王呢？这是一个疑问。第二个疑问是，这一段的笔调为什么和上下文很不一致？

（学生没有反应。）

师：如果黄老师病了，来上课，也这样站在门口，你们会这样描写吗？

生：不会。

师：如果作者描写钱先生病了，会这样写吗？也不会。但为什么要这样描写老王呢？我们再看下面一段。

（学生看第9自然段。）

师：这一段有很多问题值得我们关注。先来看一个句子："我强笑说……""强笑"是什么意思？

生：勉强。

师：似乎也对。为什么要"勉强"笑呢？笑不出来硬挤着笑，这就叫勉强。作者为什么不想笑又必须笑啊？我们读书要反复揣摩。其他同学有没有不同理解？

生：老王身体不好为什么不给自己吃？

师：因为不明白老王为什么这样做，所以"我"就强笑了？似乎还没有找到最好的理解。大家再想想。

生：我感觉作者和老王的关系不是非常亲密。遇到老王就像我们遇到乞丐一样，非常同情他，但是不知道该怎么办，自己又非常窘迫，有点愧怍，强笑就是不想让对方知道自己内心的复杂情绪。

师：哦，大家揣摩得不错，分析得也都有道理。但是我觉得你们对具体语境考虑得还是不够。大家要注意前后的具体内容。我们先看前一个句子："我也记不清他是怎么说的，反正意思很明白，那是他送我的。"再看后面说的话："老王，这么新鲜的大鸡蛋，都给我们吃？"前一句的重音应该在哪里？在"送"。后一句的重音在哪里？在"给我们"。这就清楚了，"强笑"是因为老王将"这么新鲜的大鸡蛋"都送给我们吃。大家要特别注意是"送""给"，而不是买，也不是换。所以作者很意外、很尴尬、很为难，只能"强笑"。作者为什么为难、尴尬啊？不收似乎不好，收了如果不给钱更不妥当。潜台词是什么？以我和你的关系绝不能白吃你的东西。作者为难之后怎么办？

生：给钱。

师：对，就是给你钱，这样就不欠老王人情了。老王也懂得了"我"的意思，赶忙说："我不是要钱。"然后，我也赶忙地说："我知道，我知道——不过你既然来了就免得托人捎了。"大家再揣摩一下这句话的言外之意，有哪些信息？

生：以前老王拿鸡蛋来换过钱。

生：有时候"我"没有当时给钱，托人捎过。

生：以前我给老王钱的时候，老王也客气过，不要钱，不要钱，然后把钱塞给他，最后还是要了。

师：揣摩得很好。"我"一再强调说"我知道，我知道"。大家想一想，"我"真的知道吗？"我"又知道什么呢？

生："我"知道老王拿鸡蛋是来换钱的。

生："我"知道老王不要钱是客套。

师：揣摩得很好。在"我"坚决的态度面前，老王就无话可说了，钱也收下了。大家看，老王真是个老实人！但我想，收下钱之后，老王的内心一定很复杂。

现在，请你站在老王的角度，想象一下他这时的心理，用简短的话描述他此时此刻的心情。

（学生思考。）

师：哪位同学说说？

生：我觉得这些钱对老王来说是一种伤害——

师：请用老王的口吻来描述。

生：一方面，感谢杨先生一家对我的关心和帮助。

师：感激，关心。

生：另一方面，觉得他们是社会上可以理解我的人。

师：可以理解、可以信赖的人。

生：但是，到最后发现他们从心里还是没有接受自己。

师：具体来说，一是老王对杨先生和钱先生心存感激，二是内心里一直把他们当作最信赖的人；三是他们之间有很大的隔阂，有距离。对吗？但你是在分析而不是描述。哪位同学是描述的？交流一下。

生：杨先生他们平时待"我"不错，常常照顾"我"的生意。买些鸡蛋给他们，"我"的日子也好过多了。"我"现在要死了，想把一点鸡蛋和香油送给他们，但杨先生却没有明白"我"的心思。不过，这样也好，让杨先生心安理得地吃那些鸡蛋和香油吧。希望他们能够好好过下去，珍惜现在有家、有温暖的日子。

师：嗯，是描写，而且写出更深一层的内容——虽然杨先生不理解老王的心思，但老王想这样也好，可以让他们更安心地吃鸡蛋和香油。还有没有同学要说的？没有？好的。

黄老师读到这个地方，想到老王这时的心理，也写了以下几句：

杨先生啊，我的鸡蛋和香油真的不是来换钱的啊。你看，我这样子，还能活几天呢。我这样的一个人要钱还有什么用呢，我就是想把自己一点最值钱的东西留给我最亲的人啊。可我知道，我不配有这样的心思。你们都是有大学问的人，都是有身份的人，都是有文化的人。可我呢，一个一字不识的粗人，一个名声不好的拉车的人。你们两位不嫌弃我，钱先生肯坐我的车，就是看得起我，是同情我，是高看我，是照顾我啊。可是，杨先生、钱先生，我在心里真的把你们当作亲人的啊。

这是黄老师对老王心理的描述。和刚才的那位同学比，要浅一些，但有一点是相同的：这个时候，在老王的眼里，杨绛夫妇是他的亲人。他孤老无依，没有亲人，最后一点东西，就送给他的亲人了。值得深思的是：在老王心中，杨绛夫妇是他的亲人；而在作者的眼里，老王是一个什么样的人呢？大家能不能找到一个确切的词来表达在作者的心中，老王是个什么样的人？

生：一个可怜的人。

生：一个不幸的人。

生：一个需要同情的人。

生：一个熟人。

生：一个陌生人。

师：在作者"我"的心中，老王只是一个不幸的陌生人，或者说是一个一般的熟人，一个熟悉的陌生人。

这样，我们就可以理解第8自然段的描写了。这段描写让我们感受到作者的冷静和客观，因为当时她的眼中看到的只是一个熟悉的陌生人，一个不幸的、值得同情的人。请同学们回过头去，从上文"我"和老王相处的片段中，寻找这种"距离感"和"熟悉的陌生感"。

生：第一句就是，"他蹬，我坐，一路上我们说着闲话"。"他蹬，我坐"，让我感到一种距离。

师：对！你的语感非常好。为什么用这样两个短句子呢？"他蹬，我坐"，你看距离显得很远，他是拉车的，我是坐车的。如果揣摩一下就更有意思了。"一路上我们说着闲话"，为什么要说话？大家都有说话的欲望。对老王来说，除了"我"，又有多少人愿意和他说话呢？为什么说闲话？那个年代，不说闲话还能说什么话？"我"和老王，不说闲话还能说什么话？——这就是距离，就是熟悉的陌生。还有没有表现老王和作者之间距离的内容？

生：第4自然段。

师：第4自然段具体说的是什么内容？

生：就是那次我问他家的时候，老王说住那儿几年了。如果是关系非常好的话，"我"应该会问他什么原因，可作者没问，说明作者不想多关心。

师：对，有没有关心啊，关心了；但是，这个关心的分寸把握得非常好，不往深处关心。这或许就是知识分子的特点。其他还有没有？我们一起看第5自然段，我读一下这句，"有一年夏天……我当然不要他减半啦"。你们觉得这段话哪个词表现了距离？

生："当然"。

师：对，"当然"。为什么要有个"当然"呢？你能感觉到作者当时是一种什么样的心态？

生：一种陌生感。意思是"我"当然不能占你便宜；好像没有任何感情色彩。

师：除了陌生感、距离感之外，还有什么感觉呢？

生：居高临下。

师：对，是一种居高临下的感觉。因为我的经济条件比你好，地位比你高，是文化人……所以，我当然不能占你的便宜了。很好。我们再看第7自然段，哪个词也表现了这种距离？

生：幸亏。

师：除了"幸亏"，还有哪个词？

生：降格。

师：对。"降格"这个词，就像第8自然段里的"镶嵌"一样，用了比拟的手法。这个修辞手法的运用，表现了两个人之间的距离，或者说表现了作者和老王之间的距离。从这个距离中，我们看到一个什么样的作者呢？我们刚才从作者的角度读老王，现在换一个角度，从老王的角度读作者，那作者是一个什么样的"我"呢？

生：虽然说她很同情老王，也给过老王不少帮助，但又保持一种距离。

师：为什么要保持距离？是什么原因呢？

生：她并不把自己看作老王的同类。

师：她不把自己看作老王的同类，说得很深刻。保持距离，肯定与那样的时代有关。但主要原因还是心理上的不认同。想一想，作者为什么不把老王看作和自己同样的人呢？

生：有文化人的优越感。

师：非常好。这种心理的确是文化人的一种优越感；通俗地说，是文人的清高；说得重一点，是文化人的狭隘和自私。可以说，她对老王的同情是不彻底的，她的善良也是有保留的。所以，当时的作者——杨绛，完全是以一种居高临下的眼光来看老王的。读现代散文，就是要读出文章中的"我"来。这里，我们读出了杨绛文化上的优越感、清高甚至矫情。但这并不是杨绛先生的个人缺点，而是文化人、知识分子共有的一种缺陷，是他们这个群体和老王这个群体之间的天然距离。杨绛先生敢于这样解剖自己，表达自我反思——尽管这个反思迟到了几年——则显得非常可贵，尤为值得我们尊敬。了解了这些，理解文章的最后一句话就变得水到渠成。如果说当年的杨绛是以一种居高临下的眼光看老王，是保持着一种距离和老王交往，那么当她写这篇文章的时候，当她愧怍于老王的时候，她是用什么样的眼光来看老王的呢？

生：仰视。

师：对，是一种仰视。她发现与老王相比，自己是自私的，自己的善良是不如老王那么纯净的。于是她说，"那是一个幸运的人对不幸者的愧怍"。有关资料显示，这句话在初稿上是："那是一个多吃多占的人对不幸者的愧怍。"大家想一想，这两者有什么区别？作者为什么要把"多吃多占"改为"幸运"呢？

生："多吃多占"有点贬义，改成"幸运"就没有贬义了。

师：这是一个区别。（一学生举手）好，你说说——

生："多吃多占"的意思比较狭隘，它只是指物质上的；改成"幸运"，内涵更广，不仅指物质上的，还有精神上的，强调老王的不幸不仅是物质上的，更是精神上的。

师：非常好，理解得很透彻。其他同学有没有不同理解？

生：有。我觉得还要广一点。其实，整个社会的人可以分为幸运的和不幸的。作者认为自己与老王相比就是幸运的人。

师：很有哲学意味。刚才第一位同学想到的是感情色彩的差异，这两位同学强调的是内涵不同。"多吃多占"，的确是局限于物质上的愧疚，主要是着眼于两个人之间鸡蛋换钱一类的交往。起初，或者说当时，"我"认为拿钱买老王的鸡蛋是同情老王，帮助老王；后来发现，其实占便宜的不是老王，而是"我"。改成"幸运"的人，概念上更对应，表达更严谨，内涵也更丰富了。更重要的是，这种"愧疚感"主要是着眼于精神，而不是物质。它表现了作者写作的思维过程，也表现了作者的自我反思过程。她对老王的高大、善良品性的理解，都在不断提升。

最后，我们再讨论一个问题，作者是不是真的是幸运的人？

生：不是。她也是不幸的。

师：那么，她为什么又说自己是幸运的呢？

生：是和老王相比。

师：是的。她是不幸的，但和老王相比，她太幸运了。她经济上还过得去，还有钱先生。写下这篇文章的时候，作者认识到，在我们这个社会中，最不幸的是老王这样一类人。可是要认识到这一点不容易。很多文化人、知识分子，往往喜欢夸大自己的不幸，以为自己是天下最不幸的人。老王这样最不幸的人，却在那样的社会的最底层坚韧地生活着，坚守着做人的良知，是多么令人尊敬！大家知道，那是什么样的社会吗？

生："文化大革命"。

师：大家对"文化大革命"可能不太了解。人们一般认为，"文化大革命"主要的过错是对文化的伤害，这固然不错。但黄老师觉得，还有更可怕的一点，就是对人与人关系的伤害，对善良人性的摧残。可以说，那是一个人人自危的年代，人与人的关系几乎到了最冷漠、最冷酷的地步，课文中对这样的社会背景和社会环境也有所表现。大家有没有注意到文中这样的内容。

生："过了十多天……"

师：对，就是这一段。大家读一读，体会一下老王同院的老李的答话，看能体会出什么样的感情。

（学生读句子。）

师：什么样的感情？

生：冷漠。

师：老王这样不幸的人，却能在这样的环境中坚守着善良、真诚，甚至坚守着对文化人的尊重，是多么难能可贵。我想，我们站在这样的立场，置身那样的背景，来读老王，来读杨绛，来读《老王》这篇散文，或许更容易有准确的把握，也会有更丰富的收获。

今天这节课，黄老师和大家学习这篇文章，就是要大家知道，该怎样读现代散文、读写人的散文,并读懂散文中的"我"。好。下课!

《葡萄月令》教学实录

师:我们今天学习汪曾祺的《葡萄月令》,课前把课文看过三遍的同学请举手(没有同学举手),看过两遍的举手(没有举手),看过一遍的请举手(少数同学举手),一遍也没看的请举手(半数以上的同学举手)。向你们的坦诚表示敬意。没有预习是正常的,很多同学学语文是不预习的。其实,不预习也不是大错。我们上课一起好好学,一样能把课文学好。

师:据说,汪曾祺先生写了这篇散文以后非常得意。后来,人们一般也把它当作汪曾祺的代表作。(板书"代表作")可是它能"代表"什么呢?这是一个有意思的问题。很多人认为,它首先能代表的是汪曾祺的"汪氏语体"(板书)。汪曾祺的散文和一般人的不一样,首先是体现在语言上。究竟是什么语体?请同学选择课文中的一小段,通过诵读,体会"汪氏语体"的特点。

生:(朗读课文中描写"五月,浇水"的选段,语气平淡,语速中等。)

师:大家认为他读得怎么样?认为读得好的请举手。(多数同学举手)这么多同学认为他读得好,请一位同学说说好在哪里?

生:他读出了汪曾祺先生语言的特点,即平淡、朴实、自然。

师:很好。这篇文章其实不好读,那种情感比较外显的文章是好读的,这种情感比较内敛的文章很难读,因为它不能用语音的技巧,一用就破坏了文章。就如这位同学归纳的,这篇文章的语言特点是平淡、质朴,读这样的文章,最高的技巧就是不用技巧。刚刚那位同学读得非常好,读得很陶醉。如果让我提建议的话,还可以再读得慢一点,节奏再舒缓一点,平淡的味道可能更好。

师:品味一篇文章的语言,更重要的是从语言本身入手。有人说这篇文章语言的特点就体现在好几个"多"上。请同学们仔细阅读文本,看看能找到语言中的几个"多"?(板书)找到越多的"多",就读得越细、越深入。大家发现了几个"多"?找到一个就说一说。

(学生阅读课文,小声讨论。)

师:找到"多"的举举手。

(有学生举手找到一个,有学生找到三个。)

生:首先找到很多描写时间的词。

师:这些表现时间的词有何作用?

生:成为全文的线索。

师:这篇文章的行文线索是什么?

生:他种下了葡萄,从1月到12月,是个时间过程,即葡萄的生长过程。

师:这个"多"很好地体现了文章的结构特点。再找找语言方面的"多"吧。

生:文中写色彩的词语多,还有很多的语音助词。

师:举个例子看看。

生:比如,"树枝软了""树绿了""树醒了"。

师:这位同学找得很不错,其他同学有没有找到?

生:描写多,抒情多。

师:抒情有直接,也有间接,是直接抒情多,还是间接抒情多?

生:直接抒情多。

师:哪些句子是直接抒情的?(学生未能举例)找了半天还没找到,说明直接抒情多不多?

生:不多。

师:不要轻易下结论,也不要因为找不到而着急。让黄老师和你们一起找好吗?从句子长短来看,长句多还是短句多?

生:(齐)短句多。

师:再从修辞的角度看,哪些修辞多?

生:(齐)拟人多,比喻多。

师:从整篇文章来看,用修辞的句子多,还是不用的多?

生：（齐）不用比喻的多。

师：不用比喻的语言是什么语言呢？

学生在下面说：白描、平实。

师：对，虽然文学性的语言不少，但总体来讲，口语化的语言比较多。（板书"口语多"）可见，文章的"淡"主要体现在口语多上。如果这篇文章就是淡，就是口语化，它就算不得散文语言中的极品。这篇散文是淡，但是淡得好，那什么样的语言是淡得好呢？

生：（齐）淡而有味。

师：这篇文章的淡而有味的"味"体现在哪里呢？它运用口语化的语言，又有文学的色彩，这非常难，一般人写不好。要把口语的语言和文学的语言融合得天衣无缝，实属不易。它的句式是短的多，但有没有长句呢？

生：（齐）有。

师：长句和短句结合得这么好，也增加了语言的味道。当然，更重要的味道就像吃葡萄一样，我们要慢慢欣赏，因为语言的"味"不仅仅体现在语言本身。

师：除了语言，这篇文章在写法上，也是汪氏散文的代表（板书）。那么，这篇文章的写法有什么特点？

生：这篇散文是以时间为序来安排结构的。

师：大家在读的时候觉得这篇散文是更讲究技巧，还是不讲究技巧？

生：（齐）不太讲究技巧。

师：也就是说，写法比较简单（板书）。武术里有句话叫"无招胜有招"，在文章里，没有技巧往往是最高的技巧。用简单的写法能成为精品，有其艺术的规律，简单中体现其艺术匠心。请同学们围绕这一点谈一谈，它蕴含于"简单"中的匠心体现在哪里？

（学生讨论。）

生：写到别的树，丰富了文章的内容；色彩也很丰富，展现了非常美丽的画面；因为用了口语化的语言，所以阅读的时候很有亲切感；很多地方语言幽默、风趣；拟人和比喻让人觉得很有美感，而且很幽默。

师：除了写到桃花、梨花，还有其他内容。比如，4月引用了《图经》——散文中引用文献，是很难的。运用口语，一难；把口语和文学语言融合在一起，二难；又把学术文献的语言融在里面，三难。融得天衣无缝，一般人做不到。再从写法来看。这篇文章本来是个简单的结构，以时间为序，又写了桃花等，在内容丰富的同时，写法上也富于变化。散文的特点是什么？

生：（齐）形散而神不散。

师：所以写散文要把它撒开去，文章就显得摇曳而有变化。另外，在结构上，12个月是不是平均用力？

生：（齐）不是。

师生：（齐）有详——有略，有长——有短。

师：大家看看，哪些段落写得详，哪些段落写得略。

（学生在下面回答：5月，还有8月。）

师：为什么有的段落长，有的段落短？段落写得长的原因是什么？首先，从葡萄生长来讲，这几个月——最重要（学生齐答）。还有什么深层次的原因？

生：这几个月葡萄长得好。

师：这个"好"是怎么个"好"，能不能说得具体一些？

生：（学生笑）天气好。

师：你看，这也暴露出写作中的问题，对吗？写文章能不能这样写？天气好就多写一点？（学生笑）这几个月除了对葡萄的生长最重要外，还有深层的原因，是因为这几个月葡萄园有什么特点？

（有学生答：有生命力、充满生机。）

师：对，具有生机，充满生命的活力，最容易引起作者内心的共鸣，所以才详写。

师：下面我给同学们一个更有难度的任务。假如让你把汪曾祺的文章缩写成一篇短文，且内容比较全，忠实于原文，能缩写到多少字。看谁缩写得最快、最短，内容最全。在草稿纸上写一写也可以，在书上圈一圈也可以。

一个人完成也可以，两三个同学商量也可以。

（学生讨论、活动，教师巡视、指导。约3分钟。）

师：缩写在50字以内的同学请举手。（一名学生举手）请你来说说，大家看看是不是符合不缺少内容的要求。

生：一月，葡萄未出窖；二月，葡萄吐芽；三月，葡萄上架；四月，为葡萄浇水施肥；五至七月，喷药修枝；八月，葡萄成熟；九到十二月，葡萄下架入窖。

师：嗯，不错。大家一起来评改一下。他的内容全不全？

生：（齐）全。

师：的确全了，有没有比他写得更短的？一个都没有？我认为他的内容还可以再短。那该怎么做？大家想一想。

（学生七嘴八舌。）

师：需要每个月都写"葡萄"吗？

生：（齐笑）不用。

师：一月葡萄怎么样，二月葡萄怎么样，12个月就多了24个字。（学生笑）其实，我们只要把葡萄移到最前面就行了。（示范）葡萄一月在窖，二月出窖，三月上架，四月五月六月浇水喷药打梢掐须，五月中下旬开花，七月膨大，八月着色，九月十月自然生长，十一月下架，十一月十二月入窖。

师：假如把我和这位同学缩写的内容加一个题目，能不能用"葡萄月令"？好不好？

生：（齐）不好。

师："月令"是什么意思？"月令"有两个意思：一是气候；二是物候。这里主要指气候还是物候？

生：（齐）物候。

师：什么叫物候呢？物候就是植物生长的周期特点及其与气候的关系。

（学生记笔记。）

师：不要记。上课记笔记是最不重要的。记下来有什么用呢？重要的是什么？听比记重要，说比听重要，想比说重要。所以，我们要多想一点，多说一点。

师：尽管解释"月令"用了"气候、物候"，但是用月令两个字，从语感上看，有一种什么感觉？

（有学生小声说：美感。）

师：太好了。这就是良好的语言素养。你去查字典就没有美感了，不查反而有美感。刚才我和那位同学压缩的几十个字，还有没有美感？

生：（齐）没有了。

师：我们也想一个没有美感的题目。

（有学生答："四季葡萄"；有学生答："葡萄的生长周期"。）

师：如果题目就叫"葡萄的生长周期"，这篇文章就成为什么文体了？

生：（齐）说明文。

师：我们现在读的《葡萄月令》是什么类型的文章？

生：（齐）散文。

师：（板书：说明文、散文）汪氏散文是说明文的内容、散文的意境、诗的语言。《白杨礼赞》比它好写多了，《背影》你和我都能写得出来。这种文章，一般人写不出来。所以，我们称它为"散文中的散文，散文中的极品"。大家再想一想，什么样的人才能写出《葡萄月令》这样的文章呢？要写《葡萄月令》这样的文章，必须具备几个条件。第一个条件是什么？

（有学生答：诗人。）

师：诗人就能写出《葡萄月令》吗？（板书——诗人）（学生：熟悉葡萄的人）对，第一个条件是熟悉葡萄的人。那在汪曾祺之前，那么多人种葡萄怎么没写出《葡萄月令》呢？

（有学生答：还有丰富的内心；有学生答：懂一点文学的人。）

师：对。还要懂一点文学。可是当时懂文学且和汪曾祺一起种葡萄的人却是不一样的结局。所以还有一个条件，是什么？

生：（齐）乐观的、热爱生活的人。

师：对，还要是一个热爱生活、热爱生命的人。（板书——热爱生活）在这么多的条件中，最重要的一条是什么？

生：（齐）最后一条，热爱生活。

师：其实，我们这样的了解还是不够深入。下面黄老师读一段话，是汪曾祺的女儿写的。我读一遍，看你能记住几个关键词。不是记得越多越好，而是记得越关键越好。然后想一想，汪曾祺是个什么样的人。

（教师朗读汪曾祺女儿汪明的文章选段。）

不管别人怎么评价，我们知道，父亲自己对于《葡萄月令》的偏爱是不言而喻的。当年因为当了"右派"，他被下放到张家口地区的那个农科所劳动改造。在别人看来繁重单调的活计竟被他干得有滋有味、有形有款。一切草木在他眼里都充满了生命的颜色，让他在浪漫的感受中独享精神的满足。以至于在后来的文章中，他常常会用诗样的语句和画样的笔触来描绘这段平实、朴素、洁净的人生景色。果园是父亲干农活时最喜爱的地方，葡萄是长在他心里最柔软处的果子，甚至那件为葡萄喷"波尔多液"而染成了淡蓝色的衬衫在文章中都有了艺术意味，而父亲的纯真温情和对生命的感动也像"波尔多液"一样盈盈地附着在葡萄上。

师：让我们看看同学们都记了几个词。记一个词的同学请举手（没有）。记三到五个词的举手（有一部分同学）。记五个以上的举手（很多）。你们记笔记的功夫很厉害。（学生笑）我们看看记的是不是最重要的。哪个同学主动来说说？

生：我记得比较多。一个是"偏爱"，这是对葡萄园的感情；第二个是当时的身份，"右派"；还有"劳动改造"，是他为什么到这个地方去；"单调"是别人的生活，而他（汪曾祺）觉得生活"有滋有味、有形有款"；"生命的颜色"，这也是对葡萄的感情；"平实朴素"是这篇文章语言的风格；"纯真、温情"是汪曾祺的个人特点。

师：我觉得你记得够全了。如果让你删掉一个，删哪一个？

（学生在下面小声讨论。）

生：删"单调"。

师：你为什么舍不得删"偏爱"呢？你也"偏爱"吗？（学生笑）这一

段的关键点其实有两个，一是当时他的处境很不好，同时告诉我们另外一个信息，在这个非常不好的处境中，他显得很乐观。这是一个什么样的人？用一个词来形容。

生：（齐）乐观。

师：有没有更好的词？

（有学生答：豁达。）

师：观察这个时候的汪曾祺，你有没有想到其他类似的人？

（有学生在下面答：苏轼。）

师：对，苏轼。苏轼的人生境界跟汪曾祺的确有相通之处，如果用一个词概括，可以是什么？

生：超脱。

生：悲惨。（学生笑）

师：听到你这个答案，我觉得很震撼。（学生笑）他的处境是有点悲惨，但是他过得有滋有味，就不悲惨了，对吧。

生：有爱。

师：也对，爱是永远不能没有的。假如让你们从黑板上的词语找一个来概括汪曾祺的人生境界，可以选哪个？

生：（齐）淡而有味。

师：汪曾祺之所以这么乐观，在这样的生活中还能充满爱，确实是由他的恬淡的人生态度决定的。（板书：恬淡）所以，只有这样的汪曾祺才能写出这样的葡萄来，才能写出这样的汪氏散文来。有人读了《葡萄月令》，用一个比喻来形容汪曾祺与葡萄的关系，说得非常好。如果让你来比喻，你会怎么比喻呢？我们把问题简化一下，也就是在汪曾祺的心目中，葡萄是什么？

（有学生答：孩子。）

师：有何凭据？从文中找。

生：4月，给葡萄浇水，"不一会，它就从根吸到梢，简直是小孩嘬奶似的拼命往上嘬"。

师：这是把葡萄当孩子了。还有其他依据吗？

（学生小声讨论。）

生："九月的果园，像一个生过孩子的少妇，幸福、平静、慵懒。"

师：这怎么说明葡萄是孩子呢？（学生笑）不要害怕别人质问。好多同学是这样，有好的想法，看到老师眼睛一瞪就以为自己错了；还有的同学就看老师的眼色判断对不对。这都是不好的习惯。现在，请同意这个同学意见的同学举手。（几个学生举手）我认为这足以说明问题。葡萄园把每个葡萄看成它的孩子，葡萄园就是孩子的妈妈。那为什么说葡萄是汪曾祺的孩子呢？很简单，我们想一下，如果葡萄园是妈妈，爸爸是谁啊？（学生笑）

生：（齐笑）汪曾祺。

师：对！（学生笑，鼓掌）有没有其他依据？我们再来看文章最后一小节："老鼠爱往这里面钻，它倒是暖和了，咱们的葡萄可就受了冷了。"请注意，"咱们"能不能是一个人？不能，至少两个人。这里的"咱们"除了作者还包含谁？

生：（齐）果园。

师：这样的依据在文中还有很多，同学们可以课后去找。葡萄在汪曾祺的眼中就是他的一个孩子。由此推出结论，汪曾祺是一个什么样的人？

（有学生答：汪曾祺就是一棵葡萄树。）

师：非常好。葡萄的爸爸不就是葡萄吗？（学生笑）今天，我们一起欣赏了汪曾祺提供的一串葡萄，葡萄一样的语言，葡萄一样的散文，葡萄一样的心，葡萄一样的人。读散文，读现代散文，要读出人物的性情。怎么读出人物的性情呢？从语言入手，走进作者的心中。

好的。今天这节课就上到这里。谢谢同学们。

第三课

现代诗歌教学

我的说法

诗化表达和诗性情怀的互动

现代诗歌教学是个难以言说的问题。不好说是因为现代诗不好解。诗无达诂，现代诗更是难有确解。必须承认，不少现代诗，很多人是读不懂的。但不好解读并不能说明现代诗没有教学价值。我们也必须看到，很多人能够看得懂不少现代诗，或者说有些现代诗是比较容易看得懂的。这里讨论的主要是大多数人可以看得懂或者基本能看懂的现代诗。

现在，很多老师不重视现代诗的教学，不引导学生读现代诗，除了现代诗难懂外，还因为他们认为读现代诗没有用。认为读现代诗没有用，是因为高考不考现代诗。如果这样想，就真的一点"诗意"也没有了。事实上，读一点现代诗对学生提高语文素养是非常有用甚至是必要的。即使是对于高考，多读一点现代诗，对于写作、语言运用、现代文阅读，都是很有意义的。从人的综合素养来看，更应该多读一点现代诗。

如果我们承认读一点现代诗是必要的，那么怎么开展现代诗的教学呢？

观察目前的现代诗教学，存在这样一些问题。

一是教学目标的非诗歌化。

诗歌教学的目标存在严重的非诗歌化倾向，即把诗歌教学混同于现代文的阅读教学。郑愁予的《雨说》是一首优美的、写给儿童的诗，可一位老师的教学目标是：（1）熟记"田圃、喧嚷、润如油膏"等词语，简要了解作者及作品的写作背景;(2)通过反复朗读,能理解并说出这首诗的主旨,准确概括出"雨"的象征意义;(3)能指认拟人化的表现手法并说出其表达作用;(4)通过揣摩意境、品味诗句,能认同乐观向上的生活态度。这四个目标和一般的现代文阅读教学有什么不同呢?从哪一个目标可以看出这是一节诗歌阅读欣赏课呢?

二是教学内容的格式化。

教学内容的全面而僵化,是诗歌教学面临的一个很普遍的问题。不少老师把诗歌的一般特点作为教学内容,不管什么样的作品,常常就是这样的教学内容:(1)找出诗歌的意象,分析其特征和内涵;(2)体会诗歌的意境,并进行描述;(3)体会诗歌的情感,并用自己的语言概括;(4)抓住关键词句,品味诗歌的语言;(5)认识诗歌的表现手法(有时候还会分析诗歌风格和流派),理解诗歌的主题。这些固然是教学诗歌要关注的基本内容,但篇篇如此,形成套路,就会远离诗歌的特征。

三是教学方法的技术化。

首先,朗读的技术化。最简单的做法,就是朗读要声音响亮,节奏整齐。其次,一字一句地和学生讲解朗读的重音、停顿、延长,传授用气、共鸣的技巧。再次,看似复古实是时尚的吟诵,说是读,其实也是唱。又次,公式化、分割式地进行"读准字音—读懂内容—读出感情—深情美读"朗读训练。当然,也有反复进行的所谓"美读"。最后,主要依靠视频资料和音频资料,让名家朗读、漂亮视频成为主要的教学内容,也是很多老师的教学选择。

四是教学形式的"学术"化。

"学术"化就是指把中学生的诗歌欣赏混同于诗歌鉴赏家的鉴赏。最常见的是引经据典,堆积各种资料;或者是打着群文阅读的旗号,纵横联系,写作背景、名家解释和评注、作者相关介绍和文本,只要有一点联系便全部"拿来"。首先,课堂总是在作品外围兜圈子,没有好好阅读、欣赏作品,资料贪多求丰、作用不明,学生未必理解,教师也未必明白。其次,忽视学生对诗歌的阅读和感受,纠结于各种术语的理解和解释,这种情况高中尤其突出。

五是诗歌欣赏的架空化。

即在诗歌内容理解上着力少，在诗歌艺术欣赏上着力多。学生对诗歌的字句、篇章、情感缺少应有的理解时，教师便在诗歌的表现手法、艺术特征、风格流派、历史地位等方面倾注精力。这与高考命题侧重欣赏而轻视理解有一定关系，但更重要的是教师对诗歌欣赏的规律缺少深入理解。诗歌内容的理解，是诗歌欣赏的基础；没有内容理解这个基础，欣赏诗歌就是硬塞结论，出现架空。

六是教学过程的结论化。

和其他文体的教学一样，诗歌教学结论化的情况也很严重。教师不是引导学生借助语言文字读文本，感受诗歌的情感，理解文本的内容，而是将种种现成的结论作为"答案"塞给学生，然后和有关文本诗句对应。学生只知道答案是什么，而不知道为什么是这个答案，更不能从文本中读出这个答案，自己阅读欣赏作品时只能生搬硬套。

那么，怎样进行现代诗的教学呢？

1. 在读诗中培养敏锐的诗歌触觉

我一直认为，语文学习培养语文感觉很重要，而不是主要依靠理性分析。诗歌的阅读和欣赏更是如此。诗歌是一种很特别的文体，其个性特点非常鲜明。读诗、欣赏诗歌一定要有诗歌的感觉。所谓诗歌感觉，就是看一看、读一读就能知道什么样的文字是"诗"，能从文字中感受到一股诗的味道。

（1）引导学生从诗歌的语言色彩中感受诗的味道。

诗歌的语言绝不同于其他文体。说它凝练，说它含蓄，说它深刻，说它很美，都有道理，但都不是很好的归纳。诗歌的语言一定有着鲜明的色彩。这个色彩不是我们一般说的贬义词、褒义词，而是冷和暖、悲和喜，是寒冷还是微凉，是温暖还是热烈，是伤感还是伤心，是惊异还是惊喜，是忧愤还是忧郁。这些色调是丰富的，也是精妙的，不是简单的形容词和名词概念所能直接表达的，要训练学生能够看到、感受到丰富的语言色调。我们来看食指《相信未来》中的几行诗句：

> 当蜘蛛网无情地查封了我的炉台，
> 当灰烬的余烟叹息着贫困的悲哀，
> 我依然固执地铺平失望的灰烬，
> 用美丽的雪花写下：相信未来。

不用任何分析，读一读就能感受到诗句中沉闷、压抑的氛围和抗争、倔强的情绪，这就是敏锐的诗歌触觉。当然，我们可以从"蜘蛛网""灰烬的余烟""美丽的雪花"这些意象，"查封""叹息""悲哀""固执"这些精心锤炼的词语中分析。但要能分析出，首先要感觉得到，没有感觉的分析只能是硬塞的结论。再如下面这几句：

> 当我的紫葡萄化为深秋的露水，
> 当我的鲜花依偎在别人的情怀，
> 我依然固执地用凝霜的枯藤，
> 在凄凉的大地上写下：相信未来。

如果通过意象和词语分析这几句诗中作者的情绪，并不容易。除了"凄凉"这个词语，"紫葡萄""露水""鲜花"这些意象，包括"别人的情怀"，并不一定就是失落、失望、痛楚的表达，即使"凄凉"也未必就是表达感伤的情感。所以，这时候最有用、最主要的是一种对诗的语言的感觉。感觉总在分析之前，比分析更准确、更丰富、更细腻，它是分析的基础，也是分析的升华，适用的情境更为普遍。

（2）引导学生从语言"失范"中感受到诗歌的魅力。

好的诗歌一定有着非常大的想象空间、解读空间，这体现在语言上就是非规则、非常规。所以，古人的诗句语序经常颠倒，既是平仄的需要，也是诗意表达和形成张力的需要。现代诗更是如此。食指的《相信未来》中有这样几行诗：

我要用手指那涌向天边的排浪，
我要用手掌那托住太阳的大海，
摇曳着曙光那支温暖漂亮的笔杆，
用孩子的笔体写下：相信未来。

某种意义上说，前三行诗都是不通的。能够感觉到这里的不通，既是一种良好的语言规范意识，也是一种良好的语言感觉。如果能够以这些"不通"为切入口，就能走进诗人的感情空间和情绪世界。再如大家熟悉的《乡愁》："而现在，乡愁是一湾浅浅的海峡。"事实上，海峡很深很深，诗人为什么要说是"浅浅"的呢？又为什么要说是"一湾"呢？"一方矮矮的坟墓"，看起来是写实，其实也不是。"矮矮"并不是对母亲坟墓写实的简单描写，而是诗人心中母亲的坟墓的诗化表达。非常规的搭配修饰，是诗歌语言诗化和诗性的体现。又如前面说到的食指的诗句："蜘蛛网—查封了—炉台""灰烬的余烟—叹息着—贫困的悲哀"，也是非常规的搭配和组合。

这里的语言形式，从语法规则和一般思维逻辑的角度看，都是讲不通的。诗句之间，甚至每个词语之间都有着很大的跳脱。这就是诗的语言。小说家契诃夫说，第一个把女人比作花的是天才，第二个把女人比作花的是庸才，第三个把女人比作花的是蠢材。从诗的角度看，即使第一个把女人比作花的人，也算不上天才，因为由美丽的女子想到花是非常直线型的，没有跳跃，如果把漂亮的女人比作一把钥匙、一枚邮票或许才可以说是诗的语言。习以为常的比喻和联想，切合习惯和规范的搭配，都不是诗化的语言。有人认为，诗化语言就是运用一些比喻、拟人、通感等修辞手法，于是教学中就着眼于修辞进行分析，无疑是浅陋的。

郭沫若《我飞奔》中有这样的一些句子：

我狂叫，
我燃烧。
我如烈火一样地燃烧！
我如大海一样地狂叫！

我如电气一样地飞跑！

我飞跑，

我飞跑，

我飞跑，

我剥我的皮，

我食我的肉，

我吸我的血，

我啮我的心肝，

我在我神经上飞跑，

我在我脊髓上飞跑，

我在我脑筋上飞跑。

我便是我呀！

我的我要爆了！

这里的诗句，几乎句句都是"非常规"、说不通的。"我"怎么可以"在我神经上飞跑"？"我"怎么能"在我脊髓上飞跑"？"我"怎么会"在我脑筋上飞跑"？这些异常正是诗性语言的特质，也是诗歌特征和诗人个性风格的表现，还是诗歌的魅力所在。所以，某种意义上说，"不通"和"不好懂"正是诗歌的魅力所在。

（3）引导学生由诗歌的语言之美感受到诗意之美。

古人说诗言志，是不错的。但现代诗更多的是美的表达，即使是讽喻诗，也是对美的歌唱。

诗歌的美，首先是语言的美。比如郭沫若的《天上的街市》，余光中的《乡愁》，美的语言，美的语言形式，让人爱不释手，过目难忘。但诗歌的美，更重要的是诗意和诗情。如《天上的街市》，整齐而错落变化的语言，固然是诗歌的美的呈现，但诗人展现的美好的天上的街市，牛郎和织女美好的爱情故事，文字中人类美好的情感，诗人心中美好的理想世界，更是诗歌美内在特征的体现。比如《乡愁》，整齐的语言形式，明快的语言节奏，固然也赋予了诗歌美的魅力，但诗人对母亲、妻子、故乡、祖国深深的热爱、眷念、思念，以及牵动所有人的美丽惆怅而又有几分沉重的乡愁，更是打动读者的诗意之美。

读诗和诗歌欣赏要能够感受文本语言形式的诗美，更要能借助这些语言感受到背后的诗意之美。诗歌语言的美不仅仅是漂亮词语和各种修辞手法的运用；诗歌美的感受，不是通过对语言形式（诸如叠词）和表现手法（诸如联想和想象）的知识讲解和抽象分析，更不是通过对主题的归纳就能达到目的，更多地依靠一种自在的、潜心的涵咏，依靠诗歌情境和教学情境唤起学生的共鸣而达到目的。比如余光中的《相思》：

打开电视机
台湾——雨
台湾——雨
几乎天天如此
雨多的出奇
说奇倒也不奇
人类四分之一的
相思泪
倾洒在那里

这首诗，如果从修辞手法和表现手法的角度看，真的找不到多少可以分析和解剖的东西，但它的意蕴是很丰富的。只有激发学生读诗的感受和共鸣，才能够发现和理解这些意蕴。

2.由"现代诗形"进入"现代情绪"

施蛰存说过，现代诗是现代人在现代生活中感受到的现代情绪，用现代的词藻排列成的现代的诗形。这既指出现代诗的本质特点，也为现代诗阅读和教学指出一条路径：从现代诗形入手解读诗人的现代情绪。

（1）在"现代诗形"的自由组合中解读诗人的情绪脉络。

不少老师总是过分依赖简单化甚至技术化的朗读，以及诗歌技巧（常常是概念）和主题分析，来理解诗人的内心世界和要表达的情绪。"意象—意境—意义"的三段式分析是比较常见的套路。应该说，这样读诗有一定的道理，甚至是诗歌理解和欣赏的一条路径。但如果把这当作诗歌欣赏和教学的公式，就会使诗歌教学走上异路。现代诗常常不是依靠意象组合为意境来表达情绪的。比如海子的《面朝大海，春暖花开》：

从明天起，做一个幸福的人

喂马、劈柴，周游世界

从明天起，关心粮食和蔬菜

我有一所房子，面朝大海，春暖花开

从明天起，和每一个亲人通信

告诉他们我的幸福

那幸福的闪电告诉我的

我将告诉每一个人

给每一条河每一座山取一个温暖的名字

陌生人，我也为你祝福

愿你有一个灿烂的前程

愿你有情人终成眷属

愿你在尘世获得幸福

我只愿面朝大海，春暖花开

如果按照"意象—意境—意义"的分析思路，很难深入地感受诗人在这首诗中表达的情绪。这首诗似乎找不到核心的意象。是喂马、劈柴、周游世界，还是粮食和蔬菜？是一所房子，还是每一个亲人？是幸福的闪电，还是每一条河、每一座山……应该都不是。即使找到核心意象，似乎也很难明白其具体的内涵，更难以由核心意象构成意境，再由意境理解主题。最核心的意象似乎是"面朝大海，春暖花开"，可是它似乎也很难组合成一个我们通常理解的意境，更不用说"喂马、劈柴"那些并不典型的意象了。

因此，解读现代诗人的情绪，我们要跳出套路公式，善于在看似模糊的诗化表达中寻找诗人的心迹,发现诗人情绪的脉络和取向去解读诗心。在《面朝大海,春暖花开》这首诗中,诗人要表达的是一种出离。他在诗中表达了两方面的情绪倾诉:我要什么,以及我要把什么送给别人。诗人要把什么送给别人呢?"从明天起,和每一个亲人通信/告诉他们我的幸福/那幸福的闪电告诉我的/我将告诉每一个人/给每一条河每一座山取一个温暖的名字/陌生人,我也为你祝福/愿你有一个灿烂的前程/愿你有情人终成眷属/愿你在尘世获得幸福。"诗人要什么呢?"从明天起,做一个幸福的人/喂马、劈柴,周游世界/从明天起,关心粮食和蔬菜/我有一所房子,面朝大海,春暖花开""我只愿面朝大海,春暖花开"。明白了这两点,就可以明白诗人的情绪指向了。

(2)在看似"混乱"的表达中把握诗人的情绪特质。

现代诗歌的语言是非规范的,情绪也常常出现非清晰的特点。诗人情绪的表达,不像散文,更不像实用文那样明明白白,常常是把自己的情绪包藏在含蓄甚至"混乱"的表达中。这些含混处、混乱处常常是我们打开诗人感情世界的钥匙。来看舒婷的《祖国啊,我亲爱的祖国》:

> 我是你河边上破旧的老水车,
> 数百年来纺着疲惫的歌;
> 我是你额上熏黑的矿灯,
> 照你在历史的隧洞里蜗行摸索;
> 我是干瘪的稻穗,是失修的路基;
> 是淤滩上的驳船
> 把纤绳深深
> 勒进你的肩膊;
> ——祖国啊!
>
> 我是贫困,
> 我是悲哀。
> 我是你祖祖辈辈

第三课 现代诗歌教学

痛苦的希望啊，
是"飞天"袖间
千百年未落到地面的花朵；
——祖国啊！

我是你簇新的理想，
刚从神话的蛛网里挣脱；
我是你雪被下古莲的胚芽；
我是你挂着眼泪的笑涡；
我是新刷出的雪白的起跑线；
是绯红的黎明
正在喷薄；
——祖国啊！

我是你的十亿分之一，
是你九百六十万平方的总和；
你以伤痕累累的乳房
喂养了
迷惘的我、深思的我、沸腾的我；
那就从我的血肉之躯上
去取得
你的富饶、你的荣光、你的自由；
——祖国啊，
我亲爱的祖国！

诗歌中的"我"是谁？是"什么"？"我"是作者吗？"我"和"你"是什么关系？"我"和诗人是什么关系？这一切都不明确，似乎显得有点混乱。但只要发现"我"和"你"，既是对应的、对立的抒情主体和抒情客体，又是同一体，"我"是"你"的一部分，隐含在诗句诗行中强烈而复杂的爱国情绪就清晰了。

再如郭沫诺的《天狗》：

我是一条天狗呀！
我把月来吞了，
我把日来吞了，
我把一切的星球来吞了，
我把全宇宙来吞了。
我便是我了！

什么是"我把日来吞了""我把月来吞了""我把一切的星球来吞了""我把全宇宙来吞了""我便是我了"，看起来混乱不堪，一点也不合情理，但发现了这些混乱，其实也就是抓住了解读诗人内在情绪的钥匙，癫狂的背后又有着清晰的逻辑。全诗最关键的一句是"我是一条天狗"，是能够吞没一切的天狗。等"我"把一切吞没了，"我"便是"我"了。"我"吞没一切的几个句子，也有其逻辑顺序：由"日"到"月"，由"月"到"一切星球"，再由"一切星球"到"宇宙"，由小到大，由少到多。"我"是谁？"我"是什么？这可能既是不明确的，又是明确的。"我"是一个能吞没一切的"人"，是能吞没一切的"东西"。看上去是无序的、混乱的，但又不是真的混乱、无序。诗人正是采用这种看似癫狂的表达，宣泄了他内心极其强烈、如火一样蓬勃燃烧的情感。

（3）在多重解读处发现诗人的情绪蕴涵。

好的现代诗绝不会只有一种解读。有人说，一首好诗就像一颗多面体的金刚钻，不管你从哪个角度观赏，都可以看到熠熠光辉在闪烁。每个读者都可以根据人生体验、审美情趣、审美理想对诗篇形成自己的独特感受和独到的理解、阐释。卞之琳的《断章》可以说是一诗多解的代表性作品。全诗只有四句共 34 字，但其涵含的人生意味却极其丰富，为人们欣赏提供了非常多的可能性。有人把它看作记游诗，有人说它是爱情诗，还有人认为它是哲理诗。即使理解为爱情诗，诗中的"你"是指男还是女，前后两节的"你"

是否一致也有多种理解。"你"这个人称代词一致时，《断章》就是一首对情人的赞美诗。"你"若指女的，那就是男人献给女人的赞美诗；"你"如果是"男"的，《断章》就成了怀春少女对心仪男人的赞美诗。"你"的称代前后不一致时，《断章》便是讲述了一个一见钟情的爱情故事。诗的第一节的"你"可指"男"的，第二节的"你"可指"女"的，当然诗的第一、二节中的"你"如果男、女互换，便又是另一版本的一见钟情的故事。这种种丰富的理解，在为寻找确解增加难度的同时，也在为我们指名解读的方向。诗人说过，《断章》是"写一刹那的意境。我当时爱想世间人物、事物的息息相关，相互依存、相互作用。人（'你'）可以看风景，也可能自觉、不自觉点缀了风景；人（'你'）可以见明月装饰了自己的窗子，也可能自觉不自觉成了别人梦境的装饰"。诗只是写诗人刹那间的"意境"、感想，但内涵却无限丰富，暗含着人事的复杂关系。正因如此，每个人读出自己的理解，这又在诗人的情绪之中。或许，这也正是诗人所希望的。

臧克家的《三代》也能说明这一点：

孩子
在土里洗澡；
爸爸
在土里流汗；
爷爷
在土里埋葬。

全诗一共三句话，就像三个特写镜头：第一个镜头是一个农民的孩子尽情地在土地里玩耍；第二个镜头是一个农民辛勤地在土地里劳作；第三个镜头是一座坟，埋葬着一个辛劳一生的农民。在现代诗歌中，它无疑是一首比较明快的诗，但它的解读是多元的、多层面的。在一个时期，对它的理解还曾引起很大的争议。你说三幅画面是三代人的故事，可以；说它是一个农民苦难的一生，也可以；说这是一个农民的故事可以，说是无数个农民苦难的缩影，也可以。说故事的主角是爷爷，诗歌用三个镜头回叙他的一生，可以；你说故事的主角是儿子，三个镜头写他的过去、现在和将来，可以；你说故事的主角是孩子，三幅画面写出他的今天和将来，当然也可以。当然，还会有其他解读，但这并不妨碍我们解读、欣赏这首诗，也不妨碍我们把握诗人的现代情绪。可以说，多解正是诗的正解。这也是现代诗歌的魅力所在。

3. 在分享中学习现代诗歌的解读和欣赏

很多老师常用教散文、小说甚至实用文的方法教诗歌，常见的方法就是分析含义、概括要点、说出修辞方法和表现手法，甚至将主要精力用于进行思想教育。这显然是南辕北辙、缘木求鱼的做法。有些老师看似能抓住诗歌特点进行教学，但也主要是分析意象、品味关键字句、识别修辞方法和表现手段等。

诗人王家新说："海子的《面朝大海，春暖花开》中有一句诗'那幸福的闪电告诉我的/我将告诉每一个人'。我们从事诗歌教学，就是要做这样一个使者，把诗的光芒带向课堂，把'那幸福的闪电告诉我的'，带向那些年轻的心灵，并与他们一起分享。"我们一直以为，诗歌教学，组织学生分享在诗歌阅读欣赏中获得的体验和感受，应该是最重要也是最有意义的事情。这个分享既是教师和学生的分享，也是同学之间的分享，更是师生和作者的分享。

（1）这样的分享是基于诗歌文本的言说。

我教学《乡愁》，在学生初步阅读欣赏诗歌之后，一个很重要的活动就是让他们说说什么是乡愁。这个活动自然不是要得出"乡愁就是对故乡的思念"这样一个枯燥无味的结论，而是要他们根据诗歌、自己的生活体验表达对乡愁的感受和理解：乡愁就是对母亲的思念，乡愁就是对妻子的思念，乡愁是对子女的思念，乡愁是故乡的一座小桥，乡愁是村子前面的一棵老树。本来，同学们对乡愁的理解基本都停留于"乡愁就是对故乡的思念"这样干巴巴的认识，现在有了更丰富的体验和更具体的理解。然后，我再和他们分享流沙河的"乡愁是一种思而不得的情感"这一说法，借此深化同学对乡愁的认识，并为后面的诗歌欣赏和写作铺垫。欣赏了全诗之后，我让同学们续写第五小节（全诗共四个小节），尽管写的并不一定好，但无论从语言还是诗意都丰富了他们的体验，也加深了他们对余光中作品的理解。在学生分享之后，我也写两首让他们批评。一首是：将来啊，乡愁是一张薄薄的屏幕，我在外头，女儿在里头。另一首是：将来啊，乡愁是一片冥冥的宇宙，我在这个球，你在那个球。因为是续写，学生对我的"诗"进行了毫不留情的批评。最后，我们一起分享了作者本人续写的第五小节：将来啊，乡愁是一座长长的桥梁，我去那头，你来这头。学生起初都觉得既然是作者本人写的，一定很好，但在我的启发之下，不少学生发现诗人续写的这节诗真的不是很好，既削弱了诗歌的主题，也破坏了原诗的结构。

这种基于诗歌作品文本的分享，学生的收获是多方面的。无论是对他们语文素养的提高还是人文素养的发展，都是很有意义的。

（2）这样的分享是指向诗人情绪世界的言说。

我们绝不主张这样的分享是为了得出一个明确、统一的答案，但它必须有一定的规定性和指向性，绝不是那种"鸡说鸭说""公说婆说"式的、随意的、散漫式交流。这个规定性之一就是，必须指向诗人的情绪世界，即以诗人为对话的对象，通过分享充分理解诗人本身的表达形式和表达情绪。某种意义上说，现代诗的教学目的就是要尽可能读懂诗人表达的情绪。教学《乡愁》，首先是理解诗人余光中要表达的乡愁情绪，然后再组织学生交流对乡愁的自我解读。脱离诗人情绪世界的交流和对话都是没有任何意义的。教学韩东的《山民》，对结尾"他不再想了/儿子也使他很疲倦/他只是遗憾/他的祖先没有像他一样想过/不然，见到大海的该是他了"这几行诗的理解，是一个重点，也是一个难点。我解决这个问题的办法是让学生给诗歌换一个结尾或者再加一个结尾。有的学生加的结尾是：在将来儿子的眼中/他大抵也是祖先了。有的学生加的结尾是：悠悠的山里/传荡的是祖先的叹息/那对海的渴望。有的学生加的结尾是：有人问他，山的那边是什么/他说"山。还是山"。有的同学加的结尾是：有人问他，山的那边是什么/他说"山"。他不作声，看着远处。每个学生都要说说自己为什么这样写，其他同学要点评这样写好不好，在交流分享的过程中加深学生对诗歌的理解，不断走进作者的情绪世界。

学生分享之后，我也写了两个来替换原诗的结尾。一个结尾是：儿子小时候问他/"山那边是什么"/他说"是山"/那边的那边呢/"山，还是山"/儿子不作声了/看着远处/山第一次使儿子这样疲倦。另一个结尾是：儿子小时候问他/"山那边是什么"/他说"是山"/"那边的那边呢"/"是海，好大好大的海"/儿子看着远处/眼中是海的波涛。然后，组织学生讨论哪一个更好。在开放、充分的比较和分享中，感受和寻找把握和理解诗人情绪的方法。

（3）这样的分享是一种具有诗性特质的言说。

有些老师的课堂也有分享，但更多的是"答案"的交流。诗人王家新说："懂诗和爱诗必然联系在一起。"我非常赞同他的观点。我说过，懂写作才能教写作，教学诗歌也是如此。我在很多场合明确说过：一个从不写诗的语文教师是不称职的，一个从没有写过诗的人，精神是不健全的，至少是有缺陷的。因此，在现代诗的教学中，要培养学生诗化表达的意识和能力。小学语文特级教师周益民上过一节课《一起看声音》。这节课的标题"看声音"，就是一个很有诗味的表达。这节课是群文阅读课，教学文本是关于声音的六首诗歌。教学活动依次为：①根据诗句猜猜动作主体。教师用投影依次呈现的诗句是：它挂满了教室，串在走廊上，然后跳下梯级。②根据语境猜动词。教师用投影呈现诗句：笑声/追逐在操场上/给抓住的笑声/又和几个笑声/成一团/分不开来了。③猜题目。教师用投影呈现的诗是：是谁笑成这百层塔高耸/让不知名鸟雀来盘旋？是谁/笑成这万千个风铃的转动/从每一层琉璃的檐边/摇上/云天？④猜句子。教师用投影呈现的诗是：小猫睡得香/小猫睡得熟/小猫喜欢打呼噜/呼噜噜，呼噜噜……/爸爸睡得香/爸爸睡得熟/爸爸喜欢打呼噜/呼噜噜，呼噜噜……/两个呼噜噜/串成一串糖葫芦，两个呼噜噜/吓跑两只小老鼠。⑤说句子。依次以"生气地吼叫""安静地哼唱"说句子，要求是"让只能听到的声音看得到"。⑥交流读诗的感受，说说最特别的声音在哪一首里面。现代诗歌不好教，小学更不好教。周老师别开生面，教得很成功。整整一节课，学生在读诗也在写诗，学生的表达都是充满诗意的诗化语言，令人叹服。我教学食指的《相信未来》采用的方法非常类似，要求学生认真阅读诗歌，在第一节和第二节之间或者在第三节和第四节之间插写一节诗歌，然后组织交流。写的过程、交流的过程，都是对诗歌的阅读和欣赏，也都是同学们在和诗人进行诗的交流。

指向诗性特质的言说，不仅表达方式具有诗性和诗意的特点，更重要的是言说内蕴也具有诗性和诗意，是分享者、倾听者和诗歌主体诗性和诗意的相通。

诗人博尔赫斯说："把诗交到一个不懂诗的人手里，就像把一把剑交到一个小孩子手中一样危险！"毫无疑问，把诗歌交到一个不懂诗的教师的手里，会伤害无数的"孩子"。让我们努力做一个懂诗的人，把诗歌"那幸福的闪电告诉我的""告诉每一个人"，告诉每一个学生，把他们带进诗的世界，把诗带进他们的心中。

我的课例

《山民》教学实录

师：今天我们欣赏一首现代诗。

不管从高考的功利角度，还是从同学们精神世界的丰富角度看，读一点现代诗，学会现代诗的欣赏，写一点现代诗，都是必要的。今天，我们用一节课和大家一起欣赏韩东的《山民》这首诗。

现代诗有一个很重要的特点，也是写现代诗的一个很重要的技术，就是分行和分段。将来有机会我和大家进行分行训练，今天先从分段入手来学习韩东的《山民》。

同学们自由朗读这首诗，想一想，你觉得这首诗分几段比较合理？说说你的理由。

（学生朗读，分段。）

师：大多数同学已经分好了，我们现在请两位同学交流一下，哪位同学先说说?

生：分四段。

师：分四段。第一段到哪里?

生：第一段到"他不作声了，看着远处"，第二段到"死在山中"，然后到"儿子的儿子也还会有儿子"，剩下的就是最后一段。

师：请坐。和他的意见一致的同学请举手。

师：有没有不同的意见?请举手。

生：第一段不一样。

师：不一样在哪里?

生：第一段到"走不出这里的群山"。

师：到"他想，这辈子是走不出这里的群山了"，是不是?

生：是。

师：还有没有不一样的分法?

生：第一段到"山第一次使他这样疲倦"。

师：好的，看来第一段的分段存在很大的分歧。还有没有其他分段法?

生：我分成五段。

师：第一段到哪里?

生：到"山，还是山"。

生：第二段到"但十分遥远"。

师：第三段呢?

生：到"死在山中"。

师："死在山中"，大家都分到这里。

师：好的，后面呢?

生：到"儿子就长大了"。

师："当他死的时候，儿子就长大了"，那么"儿子也会有老婆"这部分呢?

生：就变成第五段。

师：你分得特别细，请坐。

第三课　现代诗歌教学 / 85

师：现在看来，如果暂不考虑最后一种最细的分法，其他同学，在"山中"这里要分开，意见很一致。前面有两处不同，有人到"远处"，有人到"疲倦"，有人到"群山"。

一般来说，诗歌的分段是最难的，因为它的思路是最跳跃的，结构比较模糊。但是我要告诉你们，好的诗歌绝对不是随意安排结构的，都隐藏着一个很有道理的结构。现在，同学们回过头来想一想，分段的依据是什么？我们把依据找出来，要不然就是凭空而论。

生：情节。

师：我们说小说、戏剧等故事性很强的文体可以用"情节"，说诗歌一般不用情节，除非是叙事诗。在这里，我们能不能换一个更好的说法？

生：内容。

师："内容"太模糊、太宽泛了。再想想，还有没有更好的表达？

生：结构。

师：分段就是把握结构，通过结构来分析结构，有点绕，能不能在两者中间找个概念？

生：思路。

师：我的理解也是要抓住诗的思路——当然，说"情节"也不是不可以。如果强调叙事，就是情节；如果淡化叙事，就是思路。立足于思路，说说看，你是哪种方案？

生：到"疲倦"。

师：能说说道理吗？

生：我感觉——

师：对的，靠你的感觉。——从思路的角度看，认为第一段到"疲倦"的，举手给我看看。

师：好，绝大部分是如此。

师：韩东也是如此。什么道理？因为这是主要形象的第一次心理活动，也是诗中形象第一次比较全面地呈现。诗歌是有形象的，这首诗的主要形象是什么？

生：他。

师：第一段是写山中的那个人——他，对于山的追问和思考，从问到"疲倦"，活动就完成了，对不对？他怀疑了，也问了，问了之后也清楚结果了。

很多同学同意第二段到"死在山中"。大家为什么觉得到"死在山中"会是一个相对独立完整的内容呢？

生：因为前面说走不出群山，现在只能"死在山中"。

师：后面这个句子是围绕哪个句子展开的？

生：这辈子是走不出这里的群山了。

师："死在山中"是对这句话的形象演绎。同学们，想一想这段内容由哪个字引起的？

生：想。

师：前面写出这个山民的问，"疲倦"是问的结果。

师：问了几次？

生：两次。

师：问了两次之后，失望了，疲倦了。其实，从这里也可以看出第一部分不能划分到"群山"的原因。什么原因呢？大家想一想。

生："他想"的内容不仅是"这辈子是走不出这里的群山了"。

师：对。"他想"了哪些内容？

生："他想"的内容一直到"就已死在半路上了"。

师：诗歌的第二段是写他问之后的想。大家读一读这一段。

（生齐读。）

他想，这辈子是走不出这里的群山了
海是有的，但十分遥远
他只能活几十年
所以没有等他走到那里
就已死在半路上了
死在山中

师：大家想想，后面和"想"一脉相承的关键词是什么？

生：觉得。

师：他"觉得"什么？什么是"觉得"的内容？

生：他觉得应该带着老婆一起上路。

师：他为什么"觉得应该带着老婆一起上路"？原因是什么？

生：就是后面的几个句子。

师：大家读一读这些句子。

（生齐读。）

老婆会给他生个儿子

到他死的时候

儿子就长大了

儿子也会有老婆

儿子也会有儿子

儿子的儿子也还会有儿子

师：他这样想的结果是……？

生：他不再想了/儿子也使他很疲倦。

师：到此可以发现，下面一段应该到哪里？

生："儿子也使他很疲倦。"

师：那么，"觉得"和"想"之间是什么关系呢？

（学生没有反应。）

师：如果在"他觉得应该带着老婆一起上路"前面加一个关联词，加什么比较好？

生：加"然后"。

师：当然可以。前后内容的确暗含一个时间过程。可是从内容的角度呢？从他的心理角度呢？

生：加"因此"。

师：加"因此"？你的意思是前后是因果关系？因为"这辈子是走不出这里的群山了"，于是"觉得应该带着老婆一起上路"？

生：加"但是"。

师：加"但是"，表示前后内容是转折关系？大家再想一想，"想"的结果是什么？"觉得"的内容又是什么？

生："想"的结果是就待在山里，一直到死。

师：大家再读一读这一段。

（生齐读。）

他想，这辈子是走不出这里的群山了
海是有的，但十分遥远
他只能活几十年
所以没有等他走到那里
就已死在半路上了
死在山中

师：因为觉得走出群山的结果只能是死在半路上，死在山中，所以不如不要离开这群山。这里的"就已死在半路上了/死在山中"能不能改为"就已死在半路上了/死在海边"？

生：不能。

师：为什么呢？

生：因为死在海边，说明已经看到了海，而这时的他觉得是永远看不到海的，是绝望的。

师：后边"觉得"的内容呢？大家再读一读。

（生齐读。）

老婆会给他生个儿子
到他死的时候
儿子就长大了

第三课　现代诗歌教学　／　89

儿子也会有老婆

儿子也会有儿子

儿子的儿子也还会有儿子

师：这里有一个词不断反复出现，是——

生：儿子。

师：为什么要反复说儿子呢？

生：似乎有希望。

师：至少不是绝望。他觉得应该带着老婆一起上路，因为带着老婆一起上路，自己死了也没有关系，老婆会生儿子，儿子还会生儿子。他让你想到了谁？

生：愚公。

师：儿子的儿子也会有儿子，告诉我们这次的想不是绝望地想，是有点希望地想。中国人要生儿子，一代代生下去。这是近乎绝望又有点希望。可他是不是愚公？

生：不是。

师：为什么呢？

生：他最终没有行动，没有上路。

师：是的。他仅仅是"想"，仅仅是"觉得"。我们再来看看，"想"和"觉得"是什么关系呢？

生：递进……转折……

师：他一会说递进，一会说转折，到底是什么关系？

生：我觉得是递进。

师：我喜欢听到不同的声音。

师：你认为呢？

生：不是递进，有点顺承。

师：顺承和递进有点接近，它更强调时空的关系，而递进更强调内容的深入。其他同学呢？

生：有点对比。

师：从表现手法看，说对比当然可以。他的心理出现了变化、转折，表现出了矛盾。下面和"觉得"相呼应的是哪个词语？

生：不再想了。

师："不再想了"的原因是什么？

生：儿子也使他很疲倦。

生："他只是遗憾"。

师：大家把"也"这个词圈出来。为什么说"儿子也使他很疲倦"？这个"也"字和哪个词呼应？

生：山第一次使他这样疲倦。

师：第一次的两次提问使他疲倦，这里想儿子"也使他很疲倦"。本来"儿子"使他"觉得应该带着老婆一起上路"，现在儿子又使他疲倦了。

师：他一会儿这样想，一会儿那样想，一会儿又不想了，用一个词概括这种心理状态。

生：一会儿绝望，一会儿有希望，一会又绝望。

师：用一个词说说人物的内心世界。

生：矛盾。

师：是很矛盾。还有不同的描述吗？

生：纠结。

师：先是问，然后想，再觉得，也是想，最后不再想了，内容充满矛盾，内心非常纠结。还有不同的描述吗？

生：没有。

师：想到最后，是什么结果？我们可敬的山民有没有带着老婆、儿子去看海？

生：没有。

师：他只是遗憾，但是没有那样做，想到最后放弃了。大海还是永远在天边，他不知道海是什么样子的。一开始问的时候，他有没有希望？

生：没有。

生：有。

师：说说理由。

生：没有就不问了，问就是怀疑，就是想去。

师：现代诗不好读，但他很会读，他读懂了"他"的心。一开始希望的小火花在心头燃烧，于是就问，得到的回答是否定的，于是失望，可是想到儿子，又有了希望，希望的火还是没有熄灭，觉得"应该带着老婆一起上路"，可是最后儿子也使他疲倦了。矛盾，纠结，犹豫，彷徨，没有行动，于是他始终没有能看到大海，只能永远待在山里做一个山民。

刚才我们抓住那些跳跃着呼应的词语，抓住人物形象的心理变化，抓住思路，通过分段的方法，厘清了诗歌的结构。其实，在这里我们也认识了现代诗的一个很重要的特点，就是以意识的流动为主线；学会了现代诗阅读欣赏的一个很重要的方法，就是以抓住形象的意识的流动把握诗歌的思路。

现在回过头来看，这首诗题目叫"山民"，是不是就是一个人？

生：不是。

师：一共有几个山民？除了他以外，还有谁？

生：他，还有他的父亲。

师：父亲的父亲算不算？

生：算。

师：其他有没有？除了父亲、祖先、他。

生：还有儿子。

师：是的。这首诗为我们展现了一群山民、一代代山民。现在，老师要问大家一个问题：这几个人物形象之间是什么关系？

生：相似。

生：相反。

师：有同学认为是相似，有同学认为是相反。

师：相反就是对比。谁和谁相反呢？

（学生无语。）

师：相反，就是说他们身上有截然不同的品质。这几个人身上有什么样的截然不同的品质？

生：没有。

师：对。那么，四个形象全相似？

生：在精神上有相似的地方。

生：没有走出山，但是又都想走出山。

师：四代人都想走出山吗？

生：祖先想走出这座山。

师：有没有根据？读读最后两行。

（学生读最后两行。）

师："他只是遗憾/他的祖先没有像他一样想过/不然，见到大海的该是他了"，我们能不能就说祖先没有想过走出群山呢？

生：不能。

师：或者说不一定。祖先没有想过，这只是山民——"他"的猜想，事实是可能想过也可能没有想过。我们看到的只是"他"想走出群山。他的儿子想走出群山吗？

生：可能想。

师：我想应该会想的，要不我们就看不到海了。但我们今天都看到海了。那么，他、祖先、儿子，他们的相似点在哪里？

生：四个人都没有走出这座山。

生：大家觉得，四个人都没有走出这座山吗？

生：对。

师：儿子有没有走出去？

生：不一定。

师：那就是说他们是不一样的。表达要力求准确。相似，就是一致；相反，就是对比。有没有可能对比？有的话，我觉得也是可以的。如果有对比，谁和谁对比？

生：他和祖先对比。

师：有一定道理。因为他问了、想了，甚至觉得应该带着妻子上路，而他的祖先可能都没有想过。但是我不太赞同相反和相似的说法，因为这样都只是看到他们之间的某些相同的东西，或者某些不同的东西，而且是割裂开来理解他们的关系。我们已经排除了两种说法，同学们能不能想到更好的说法？

生：我觉得祖先可能也想过。

师：你还没有跳出刚才的相似和相反的概念，这四个人不完全相似，也不完全相反。跳出这两种说法。

生：一代代在进行着突破和改变。

师：山民一代代地成长，梦想更清晰。这个理解很独到，很有深度。我们很容易被别人的概念引诱。这位同学将四个形象作为一个整体来思考，很有道理。

我希望大家注意，现代诗的形象之间的关系不是单一的、线性的。阅读欣赏现代诗，要善于多元、多维地理解诗歌形象，打破一般的空间关系。如果跳出线性的点式思维，大家对这几个形象有不一样的认识和理解吗？

生：我觉得这几个形象是互补的关系。

师：它们融合在一起组合为一个整体的形象——山民？很有道理。其他同学呢？

生：我觉得祖先也好，儿子也好，其实都是"他"。他就是山民。

师：看来同学们的思维已经打破了常规的思考方式。的确如此，我们可以将这几个形象叠合在一起理解，他们从不同的方面表现了一代代山民的梦和梦的破灭，是一群山民，是一个个山民、一代代山民，也是那些不是"山民"的"山民"。在这首诗里，我们可以看到一代代山民的纠结，一代代山民的成长，一代代山民在逐梦。

师：好的，为了更好地欣赏这首诗，现在我们完成一个任务：改换结尾。

这首诗的结尾是三句话："他只是遗憾/他的祖先没有像他一样想过/不然，见到大海的该是他了。"现在请同学们为这首诗换一个结尾，或者再加一个结尾。三句话、四句话都行。

（学生写作。）

生：我加一个结尾：在将来儿子的眼中/他大抵也是祖先了。

师：你为什么加这句？

生：因为我觉得作者表达的还是每一代山民都有走出山的愿望，但是对于他的后代来说，他们不知道他的祖先是否有过这样的愿望，他的后代同样也想到了这样的一代代可以走出山，所以他的祖先也有可能这样想的。

师：你的意思是，每一代山民都可能有过走出大山的愿望，可是都没有见到大海，而又会以为自己的祖先没有想过。看来你是很会阅读现代诗的，已经跳出线性的思维。还有没有同学读一读自己的作品？

生：悠悠的山里/传荡的是祖先的叹息/那对海的渴望。

师：说说为什么这样改。

生：我觉得他虽然觉得祖先没有像他那样想过，但是祖先其实有可能也像他那样想过，只是仅仅停留在想的层面。

师：最后留下的也是遗憾。敢想是好的，但仅仅敢想是不行的。

生：我加的是："有人问他，山的那边是什么/他说'山。还是山'"或者"他不作声，看着远处"。

师：这和原诗的开头很接近。可是为什么是"有的人"呢？大家觉得这样好不好？

生：不好。这样就多出了一个形象，而且和原来的几个形象格格不入。

师：原诗是一家子，是一个家族。

同学交流了几个不错的结尾。读诗，是和诗人进行精神对话，黄老师也喜欢和诗人一起进行再创作。我想了两个结尾，觉得写得蛮好，你们评点一下。

第一个结尾是：

儿子小时候问他

"山那边是什么"

他说"是山"

那边的那边呢

"山，还是山"

儿子不作声了

看着远处

山第一次使儿子这样疲倦

喜欢黄老师这个结尾吗？

生：我觉得和前面是呼应的，写出一代代人在山里走不出去。

师：表现了封闭、守旧的精神世界，还是没有打破。你们知道写这个结尾写了多长时间？

生：两个小时吧？

师：不对，半个小时。所以，一首好诗的诞生有时候也不是苦心经营的结果，就这样结尾就写好了。这是开玩笑。好不好，还要再讨论。

再看另外一个结尾：

儿子小时候问他

"山那边是什么"

他说"是山"

"那边的那边呢"

"是海，好大好大的海"

儿子看着远处

眼中是海的波涛

认为这个结尾好的，有吗？

生：给人一种希望。

生：和开头呼应，但不重复。

师：情感在向前推进。

生：我觉得这个人有过希望，现在传给了儿子，结尾很巧妙。

师：黄老师写的两个结尾，哪个好？

生：第一个比较简单。

生：第二个比较不自然，主题拔高得太快了。

师：好像走出大山很容易一样。

生：我觉得第一个好，第二个故意创造出特别美好的境界。

生：第一个反而将痛苦发挥到最大化，给读者带来更强烈的震撼。

师：不少同学喜欢第一个，但我更喜欢第二个。有同学觉得第二个过于理想化了。现在的问题是，原诗里有理想吗？

生：没有。他一直在山里。

生：没有。他最后只有遗憾，只有疲倦，只有抱怨。

师：他抱怨谁？

生：他说，"他的祖先没有像他一样想过/不然，见到大海的该是他了"。

师：有意思。他从这读出了抱怨，那有没有同学从诗歌里读出希望呢？

生：我认为有。

生：在哪里？

生：就是你刚才说的那句话："他的祖先没有像他一样想过/不然，见到大海的该是他了。"这句话的意思，祖先想过，他就可以看到大海了。现在他想过了，他的后代就可以看到大海了。

师：有没有道理？

生：（齐）有。

师：是的。我赞同他的观点，也赞同他这样读现代诗。读现代诗，思维常常是要拐弯的。现在讨论我的第二个结尾和诗人的结尾哪一个好？

生：我认为你这个好。

师：讲讲理由。

生：我觉得最后两句话，"儿子看着远处/眼睛里有海的波涛"，并不是说真的看到了海，而是眼波的流动。

师：这个点评很内行。如果改成"儿子看着远方/有一天他来到了海边"，就很简单、幼稚。这就像口号，不是诗歌。要到海边不是这么容易的。

生：老师的结尾有寓言的味道，有震撼感。"眼中是海的波涛"告诉我们，有一天来到海边，实现了梦想，但大海是不平静的。

师：理解得很好。梦中的海边不全是美丽的贝壳，还有汹涌的波涛。生活永远是一座山，也永远是一片海。生在山中，要去看海；身在海边，也要看山。山的高峰，会遮挡我们向远处眺望；海的波涛，也是人生的考验。

师：有不同意见吗？

生：我认为作者的好，老师的改写第一次、第二次都是儿子，我觉得不应该是儿子,应该是他,全篇都是讲他这个人。

师:你的意思是,一首诗的形象应该保持一致。山民这个形象尽管是一代又一代的,但是作者主体塑造的形象还是他,非常有道理。更重要的是,韩东这首诗不仅主体形象突出,诗歌的空间也比较大,这是现代诗一个非常重要的特点。我们前面说,写现代诗,分行分段很重要,其实也是为了拓展诗歌的空间。我的结尾最后都局限在儿子身上,局限在一个点上,写得太满,落得太实。"他只是遗憾,他的祖先和父亲没这样想过/不然,见到大海的就应该是他了。"我再问一个问题,最终见到大海的是谁呢?能不能说是他的儿子?

生:不能。

师:是的。这首诗告诉我们,寻梦是一个复杂艰难的过程,是一代代人的追寻。但要坚信,总归有一个儿子会走到海边。当然,见到大海的未必是他的儿子、我的儿子,也未必是你们的儿子,或许是儿子的儿子,或许是儿子的儿子的儿子的儿子。

对于从没有见过海的人,心中有海是了不起的;对心中有海的人,真正要走到海边,那是一个漫长的过程。让我们一起看海去。

附:

山 民

韩 东

小时候,他问父亲
"山那边是什么"
父亲说"是山"
"那边的那边呢"
"山,还是山"
他不作声了,看着远处
山第一次使他这样疲倦
他想,这辈子是走不出这里的群山了

海是有的，但十分遥远

他只能活几十年

所以没有等他走到那里

就已死在半路上了

死在山中

他觉得应该带着老婆一起上路

老婆会给他生个儿子

到他死的时候

儿子就长大了

儿子也会有老婆

儿子也会有儿子

儿子的儿子也还会有儿子

他不再想了

儿子也使他很疲倦

他只是遗憾

他的祖先没有像他一样想过

不然，见到大海的该是他了

《乡愁》教学实录

授课：黄厚江

授课时间：2017年11月18日

授课地点：贵州省遵义市新蒲新区第四十中学

师：我们今天一起学习一首新诗，诗的题目是？

生：乡愁。（师板书课题）

师：《乡愁》是一首被很多人喜欢的诗，可以说是脍炙人口。你们也喜欢吧？

生：喜欢。

师：一个善于读诗的人，遇到喜欢的诗啊，往往就会过目不忘，对吧？

生：对。

师：我看看我们班同学能不能做到过目不忘。现在大家不许看书了。这一首诗有几个小节？

生：四个。

师：第一个小节的第一句是？

生：小时候。

师：对了，是小时候。（板书：小时候）第二小节开头的句子是？

生：长大后。

师：（板书：长大后）我们班同学真的是过目不忘，不过偷偷地看一眼也可以。第三小节的第一句话是？

生：后来啊。

师：嗳，后来啊。（板书：后来啊）第四小节开头的第一句话是？

生：而现在。（师板书：而现在）

师：记住这首诗，最主要的是记住诗里的四个比喻句，对吧？

生：对。

师：四个比喻大家都记住了？小时候——

生：乡愁是一枚小小的邮票。（板书：乡愁是邮票）

师：长大后，乡愁是——（师板书：乡愁是）

生：一张窄窄的船票。（师板书：船票）

师：长大后他的乡愁就变成了窄窄的船票。后来啊，乡愁又成了——（看学生）

生：一方矮矮的坟墓。（师板书：坟墓）

师：而现在，乡愁成了——（看学生）

生：一湾浅浅的海峡。（师板书：海峡）

师：同学们有没有想过，这个"而现在"是指的什么时候？

生：他在台湾的时候。

师：对啊，就是作者写这首诗的时候。对不对？有没有同学查过这首诗写于什么时候呀？

生：没有。

师：没有？打一下屁股。（生笑）学习呢，遇到不懂的问题就要查一查，对吧？

生：对。

师：现在上网非常方便，黄老师就查了。这首诗写在1972年。（板书：1972年）好的，我看我们大家真的是过目不忘，这首诗四个小节开头的句子记住了，四个比喻句、最主要的句子也记住了。那么，除了这些表示时间顺序的句子，表达他对不同年代、不同生活阶段、不同理解的乡愁的比喻句子，还有其他句子吧，有没有啊？

生：有。

师：还有一个不断反复的句子，对不对？

生：对。

师：大家都记住了吗？

生：记住了。

师：小时候乡愁是一枚小小的邮票，然后是？

生：我在这头，母亲在那头。（师板书：我在这头，母亲在那头）

师：长大后呢？

生：我在这头，新娘在那头。（师板书：我在这头，新娘那头）

师：那么，后来啊！

生：我在外头，母亲在里头。

师：对，这一小节要特别注意，是"我在外头，母亲——"（板书：我在外头）

生：母亲在里头。（师板书：母亲在里头）

师：好的现代诗在反复的时候还有一点点变化，我们要注意变化的地方。很多同学不注意，就会出现错误。而现在？

生：我在这头，大陆在那头。（师板书：我在这头，大陆在那头）

师：好的。看来我们班同学真的很喜欢这首诗，真的做到了过目不忘。而这首诗之所以脍炙人口，就是因为大家都能读得懂。如果有很多人读不懂，就不一定能得到这么多人的喜欢，对不对？（有生小声答：传诵）

生：对。

师：那么，大家肯定也能读得懂，我们现在请一位同学来读一读，其他同学想一想，读这首诗时你发现它有什么样的特点？哪位同学愿意来读一读？好的，这位女同学是第一个举手的，你来读一读。同学们听她读，看看有什么发现。

（一生读全诗。读毕，全班鼓掌。）

师：同学们都拍手、鼓掌了，说明大家认为她读得很好。的确读得很好，说明她很好地理解和把握了这首诗的情感。我觉得有一个字她读得特别好，你们有没有注意到是哪一个字？（指着板书"后来啊"的"啊"）她是怎么读的？

生：后来啊（ā）！

师：她读得是后来啊（ā）吗？

生：后来呀（ya）。

师：对呀，她没读成后来啊，而是读成后来呀，你能说说为什么这样读吗？（提问读诗的同学）是无意这样读的还是有意这样读的呀？

生：无意中这样读的。

师：无意中就这样读，说明你对其中的情感体会得非常细腻，语言感觉非常好。这个字（啊）有很多声调，有ā、á等，对不对？

生：对。

师：字典上有没有"呀"的读音？

生：没有。

师：对呀，将来要注意，朗读的时候，有些词有时候可以根据情感需要发生一点变化。为什么这里变化呢？和它前面的字的字音有关。前面一个字是"来"，"来"的最后一个音素是i，它跟后面的ā连在一起，（板书：i，iā）我们一般就把它读成"呀"。某种意义上讲，这样对情感的表现更好。

所以，她很自然就这样读了，说明她对情感的体会很细腻。另外，一些字的读音适当变化一下，可以把情感表现得更好。就是"这头"和"那头"（师圈画板书上的"这头""那头"，有生小声读"nèi头"），对的，我们班同学太优秀了！你们注意听那个同学怎么读的？

生：nèi头。（齐答）

师：读成"nèi"，zhèi头，把韵母变一变，我在zhèi头，母亲在nèi头。（生跟读）这样的情感表现也可以更细腻一点，对吧。好的，我们全班同学一起读一遍，好不好？

生：好。

师：来，"小时候"，一、二起……

（全班齐读）

师：嗯，大家已经读得很好了，当然，提高要求还可以读得更好。这就需要我们更深入地去理解这首诗。怎么更深入呢？同学们说一说，你们读了这首诗发现它有哪些特点。哪位同学先说说自己的发现？有没有同学发现？好，这位同学，你发现了什么特点？

生：他的情感是随着他的年龄、时间变化的，从小时候到长大后、后来啊、而现在。

师：对，非常好。大家注意听了吗？（生：嗯）她刚才一句话说了这首诗的两个特点。第一，告诉我们这首诗的四个小节是按照什么顺序安排的？

生：时间。（师板书：按时间为序）

师：大家都发现了吧！（生：发现了）发现了你们为什么不举手呢？没举手的人再打一次屁股。接下来，哪个同学有发现就说啊。刚才她的发言告诉我们这首诗是按照时间顺序来写的，那在人生的不同阶段，情感有没有变化啊？

生：有。

师：对呀，情感是怎么变化的？

生：越来越细致。

师：对，非常好！情感不断在加深。随着时间推移，对乡愁的理解不断丰富，情感不断深刻。对不对？

生：对。

师：这告诉我们这首诗的情感最主要地体现在哪一段？

生：最后一段。

师：我刚才说你们读得不够好就在这个地方。（指最后一节的板书）你们没有把最后一段情感的深化体现出来。我们读这首诗，前面三小节之间要紧凑一点，当你读到这个"而"的时候，要停顿得长一点，强调最后一段。听懂黄老师的意思了吧？

生：听懂了。

师：再读一次，在"而"这个地方要停顿得长一点。预备，"小时候"，一、二起……

（全班齐读。）

师：嗯！比刚才要好一点，但强调得还不是太够。好吧，我们后面再读吧。有没有同学还发现了新的特点？除了时间为序，感情不断深化外，有没有发现其他的特点？（指名一生）我看你的眼神就知道你有发现了，你还发现了什么特点呀？

生：比喻。

师：是的。她说作者用比喻来写乡愁，但是这个说法还不够深入。我相信我们班同学都发现了吧？（板书：比喻写乡愁）

生：发现了。

师：那为什么你没说啊？罚你完成一个难一点的任务，说说用比喻来写乡愁有什么好处？

生：生动形象地写出乡愁。

师：生动、形象。嗯，好的。其他的还有吗？乡愁本来能看得到吗？（生摇头）看不到，邮票看得到吗？

生：看不到。

师：邮票也看不到啊？

生：看得到！

师：就是啊！船票看得到吗？

生：看得到。

师：所以这个比喻为什么好啊？

生：把看不到的东西具象化。

师：中国古代的诗人经常这样做，对不对？

生：对。

师生：问君能有几多愁，恰似一江春水向东流。

师：愁看得到吗？看不到。春水看得到，对不对？春水滔滔不绝就是愁绪不断，对吧？

生：对。

师：非常好。请坐！有没有其他特点呢？到现在，我们班上没有一个男同学主动发言，全是女孩子啊。好！那个男孩，你发现了什么特点？声音大点儿！

生：对谁的感情也在变化。

师：感情也在变化。

生：不是，就是他用感情去对待的那个人也在变化。

师：这话我没太明白，你们明白了吗？

生：明白了。

师：你们来说一下，让黄老师也明白。

生：他的意思是说对谁的感情每句诗都不一样。

师：哦，乡愁的对象不同，对吧？

生：对。

师：是这个意思吧？（看向学生）

生：嗯，是。

师：哦，好的。乡愁的对象在变化，内涵不断丰富，是这样吧？

生：是。

师：其他的还有吗？这位女同学——

生：他运用比喻句，从小小的邮票到浅浅的海峡，还有他的对象最开始是"我和母亲"到最后是"我和大陆",表达了他的感情越来越深沉,他对乡愁的,嗯……嗯……

师:不要紧,你说得非常好,他对乡愁的理解更丰富了。对吧?

生:嗯。

师:好的。但是我要告诉你,你是把刚才他的内容更加具体化了。刚才已经说了,乡愁的感情不断深化、不断丰富,然后你告诉了我们是怎么深化、怎么丰富的。思念的对象不同了,开始想妈妈后来想祖国,内涵更丰富了。

同学们要善于跳出他人的角度,不要老是跟着别人的思路走。他是从比喻这个角度讲的,我能不能从不同角度讲呢?能不能从语言的角度讲呢?能不能从用词的角度思考呢?能不能从句式的角度思考呢?从不同角度思考,才能有新的发现。有没有哪个同学有发现了?(有生举手)哦,这位同学。

生:我是从用字的角度来思考的。

师:哦,用字。什么字啊?

生:一个"愁"字。

师:就是这个《乡愁》的"愁"字?

生:第一句中的"愁"字,乡愁是一枚小小的邮票,我猜测他"愁"的应该是他与母亲没有在同一个地方,只能通过邮票的形式来联系。第二个"愁"字,乡愁是一张窄窄的船票,新娘在那头……

师:不好意思,黄老师要打断你一下。我知道你有很多想法,你的分析思路很清晰,我想你肯定会接着说第三个愁字,然后说第四个愁字,对不对啊?(生:对)所以,我打断你就是知道你的意思了。这位同学从"愁"字包含的具体内涵说自己的发现。对吧?(生:对)但你不是跟那个同学(师指一生)差不多了吗?能不能换一个角度想一想呢?不着急,尽量换一种角度想一想,尽量不要重复别人的。其他同学有没有发现?那位同学又举手了。(一生主动举手,生起。)

师:这位同学已经发言多次了。(示意生坐下)你等一等他们啊。(转向大家)不要把机会总是给她,好不好?

生:好。

师：好，那你来说说你发现了什么？

生：四个不同的节段，比喻的时候分别用了不同的形容词。

师：噢，哪四个形容词？

生：小小的、窄窄的、矮矮的、浅浅的。

师：对呀，这就是换了个角度，跳出其他同学的思路。你有没有注意到？（问前面发言的同学）我希望你来帮她完成这个任务，好不好啊？那位同学请坐，这位同学说说"小小的、窄窄的、矮矮的"这些词有什么特点？

生：都是修饰后面的。

师：都是修饰后面的，对的。这些词有什么共同特点呢？

生：叠词。

师：对呀！你刚才有没有发现？（生摇头）没有？你是在她的启发下发现的，对不对？你能不能说说用这些词有什么好处呀？

生：增强语势。

师：非常好！

生：丰富情感。

师：叠词，古人也叫叠字。大家记住，你们将来读高中、上大学了，老师就会告诉你这叫叠字。这个叠词、叠字有什么好处呢？你刚才说——

生：增强语势，丰富情感。

师：请坐。用了这个叠字，情感表现就会更丰富，是对后面乡愁的强调。对吧？

生：嗯。

师：那么，读起来有什么好处啊？你们读一读。除了情感表达得更到位外，用了叠字，读起来有什么好处啊？

生：有韵味。

师：用叠字加强韵味，读起来更朗朗上口，对不对？

生：对。

师：一枚小小的邮票，韵味更强了。（板书：叠词加强韵味）还有没有同学发现第六个特点的？几乎所有句子都被我们关注过了，还有一个句子我们没有关注。(很多男生举手)我们男同学的思维开始活跃了。

生：应该是用了对偶的形式。

师：哪个地方是对偶啊？

生：整首诗。

师：哦，整个诗每段都是一样的。对不对？

生：嗯，对偶。

师：好的，我知道了。他的这个发现非常好。一首诗四段基本差不多。对吧？

生：对。

师：这是作者学习古代诗歌《诗经》里的用法。你们读过《诗经》吗？

生：读过。

师：读过什么？

生：《采薇》。

师：跟它有点像吧？

生：嗯。

师：采薇采薇，薇亦作止……采薇采薇，薇亦柔止……采薇采薇，薇亦刚止……《采薇》的前面三个小节基本是一样的结构。不仅《采薇》，《蒹葭》《静女》《硕鼠》都是这样的。每个段落的结构差不多。对不对？

生：对。

师：刚才那位同学说这叫"对偶"，大家觉得四个段落差不多，叫不叫对偶啊？

生：不叫。

师：孩子，对偶就是两个。配偶配偶，两个一对叫对偶，知道吧？(生笑)四个呢，那就不是一对了。那同学们告诉我这叫什么呢？

生：排比。

师：有道理但也不是很准确。排比一般是说句子的，句子差不多叫排比句，对不对？

生：对。

师：那现在这种四个段差不多的叫什么呢？

生：排比段。

师：对了，叫排比段。当然，诗人学的是《诗经》里的手法，古人称其为"重章叠唱"：重复的重，文章的章，重叠的叠，唱歌的唱。（板书：重章叠唱）你们会唱歌吗？很多流行歌曲是这么写的。几个段差不多，又有变化，对不对？

生：对。

师：对呀，除了四个段差不多，重章叠唱有变化外，还有一个句子也在反复地变化。哪个句子——？

生：我在这头，母亲在那头。

师：就是啊。好，请坐。所以，重章叠唱是指两方面，一方面是句，另一方面是段。我相信重章叠唱的好处大家都能认识到，在反复的过程中把情感表现得更强烈。对不对？（有生附和）而且，这个反复的过程中又有变化，这样情感更复杂，乡愁也更浓。对不对？

生：对。

师：你们都很优秀，这首诗要学的东西你们都能自己学好了。但是更优秀的孩子在学习过程中还要有问题，不仅能看到这些特点，在看到这些特点以后还要有疑问。有没有同学有问题？好，那位同学有问题了，有什么问题？

生：这首诗是在什么样的时代背景下写出来的？

师：他关注的是写作背景，非常好。我刚才说了，写于哪一年？

生：1972年，台湾。

师：那个时代，大陆和台湾基本断绝了一切联系，台湾的亲人和大陆的亲人更不能自由来往。诗人生活在哪里？

生：台湾。

师：所以他思念家乡，思念大陆。其他同学还有问题吗？没有了？那我们再读读，看看能不能读出问题来。同学们读了好几遍，很辛苦。这一次黄老师来读吧。我读的时候，你们看看能不能想到什么问题。你们如果还没有问题，我就有问题要考你们了。好不好？

生：好。

（师范读，读毕生一片掌声。）

师：谢谢！鼓掌是次要的，有问题是最重要的。有没有同学有问题啊？——你们没有问题，下面黄老师提问题了啊。黄老师的问题可多了，比如，刚才有同学说叠词用得好，情感表现得更丰富、更细腻，读起来朗朗上口，更有韵味。但黄老师在想：难道用了叠词就一定好吗？假如把"小小的"换成"大大的"、"窄窄的"换成"宽宽的"、"矮矮的"换成"高高的"、"浅浅的"换成"深深的"，好不好呢？

生：不好。

师：为什么不好呢？我觉得"大大的邮票"表达了更丰富、更沉重的情感，哪位同学讲一讲为什么换得不好？

生：感觉"大大的""宽宽的""高高的"都是很开心的。

师：噢。你的意思是说感情基调、感情色彩不对。换过了以后，情感就没那么深沉了。是这个意思吧。大家觉得有没有道理？

生：有。

师：同学们的语言品味能力都非常强，有时候突出事物的小反而表现的情感更深厚。高高的坟墓对爱的表达不够深沉，矮矮的坟墓中情感表达得更深沉。有没有同学还能从其他角度说说为什么黄老师换得不好？

生：老师换的都是与之前那个词相反的，感觉之前那个比较小一点的更能表现出乡愁。

师：这个同学结合前后的词语来理解，非常有道理。作者前面用的量词是"一枚""一张""一方""一湾"，这里用"大大的""宽宽的""高高的""深深的"就不相称、不协调。很有道理。那么，有没有同学发现更重要的理由呢？

生：我觉得它是用小小的、窄窄的、矮矮的、浅浅的修饰后面的东西。这些修饰词都突出了小。东西虽小，情感却很深。

师：请注意，这里面其实隐含了一种表现手法。应该是反衬，说对比也可以。坟墓很矮，情感很深；船票很小，情感很深。对不对？这就是反衬和对比。但说"一湾浅浅的海峡"好，我不同意。大家有没有去过台湾？（生：没有）我也没去过，但是台湾和大陆之间隔的那个海峡浅吗？

生：不浅。

师：对呀。如果浅浅的，我们走过去就好了，所以我认为余光中不准确啊。大家想想，为什么"浅浅的"好，而"深深的"不好呢？这位同学的声音大点。

生：虽然它很浅，但是它把大陆和台湾隔绝开来，而且永远都无法迈过。

师：说得多好。虽然浅，但是永远无法跨越。当然，要修正两个地方：第一，是不是永远无法跨越？

生：不是。

师：对呀！我们坚信有一天一定能够跨越，而且很快就能跨越，现在不是已经自由来往了吗？但是她的这个理解思路非常好！告诉我们，不能跟台湾同胞随时拥抱在一起是不是由于海峡啊？

生：不是。

师：海峡再深也浅，对不对？

生：对。

师：这是很复杂的原因，内涵很丰富。刚才那位同学问得好。特定时代、特定原因造成这种现状。还有一位同学提到一个问题，忽然让我想到另一个问题。他说前面是"一枚"，换成"大大的"，就前后不协调了。那我就干脆一起换掉，前面的量词换成"一枚枚""一张张""一方方""一湾湾"，这样改好不好？

生：不好。

师：为什么也不好？

生：如果是一枚枚，感觉有很多。

师：为什么很多不好？不是更能表现他乡愁很多吗？

生：但是第三个"一方方"感觉有很多个坟墓。（全班笑）

师：非常好，请坐。这位同学读得很细腻！这样读就能读出问题来。"一方方"会告诉我们有很多坟墓，同时也告诉我们有很多的——（生应：母亲）但黄老师要告诉你们，余光中那个年代的人，一个人不一定就有一个母亲。

有很多母亲，那母亲的坟墓不就是"一方方"吗？（全班大笑）当然，我们更重要的是从诗歌的情感表现角度来看，"一张张"好不好？

生：不好。

师：为什么？

生：一张张就说明经常写信，乡愁就不强烈了。

师：这个时候邮票越多，乡愁越淡，对不对？

生：对。

师：一张张船票说明经常回去，还愁什么呢？"一张"，难得回去，很难回去，说明战火纷飞，距离遥远。对不对？（生：对）想回去回不去啊，乡愁就浓了。刚才是我提的问题，你们有没有问题啊？没有，我又要提问题了，敢不敢回答？

生：敢。

师：有一个句子四次反复，重章叠唱，总是说"我"在这头，"母亲"在那头，"新娘"在那头，"大陆"在那头。我觉得应该颠倒一下，改成"母亲在那头，我在这头""新娘在那头，我在这头"。（生窃笑）"大陆在那头，我在这头"。这样改好不好？（生小声说不好）为什么不好呢？哪个同学说说道理。

生：前面是我在这头，后面全是他们在那头，更能表现出不在一起的惋惜之情。

师：噢，她说更能表现一种不能在一起的遗憾。她用的是"惋惜"，我用的是"遗憾"。这首诗表达的是"我"的思念、"我"的乡愁，对不对？

生：对。

师：这种不同对象的变化，母亲、新娘等表现了我的思念很广、很远，而且想见又见不到。如果总是强调"我在这头""我在这头""我在这头"，空间也没有了，情感的表达也受到了影响。我们班同学回答问题的能力真的非常好，遗憾的是提问题的能力还要提高。

下面再来讨论一个问题。《乡愁》是一首诗，诗歌表达情感主要靠的是什么呢？

生：具体的形象。

师：对。我们常常称它为"意象"。所谓意象，就是承载着情感的具体形象。这首诗主要是靠哪几个意象来表达情感的？

生：邮票、船票、坟墓、海峡。

师：除了这四个意象、四个形象以外，有人认为"新娘""母亲""大陆"也是表达乡愁的意象。你们同意吗？

生：同意。

师：就是说，这里的"新娘""母亲""大陆"不一定实指非常具体的、特定的对象，"新娘"并不只是作者的新娘，"母亲"也并不只是作者的母亲，"大陆"也并不是指地理上的大陆。她们是无数人的新娘和母亲，指的是无数人心中的故乡和故土。所以新娘也好，母亲也好，大陆也好，都是意象。你们认为在这三个意象中，哪个最重要？

生：大陆。

师：很多人认为"大陆"最重要。对呀，最后一小节是文章的主旨所在。诗人的主题就是表达对祖国统一的渴望。有没有人有不同的理解呢？你认为哪个最重要？（问一生）

生：我认为是母亲。

师：为什么认为母亲这个意象最重要呢？

生：因为小时候他就离开了母亲，肯定最想念的是母亲。

师：她认为最想念的是母亲，所以母亲这个意象最重要。你认为最重要的是谁啊？（问另一生）

生：也是母亲，我是补充他的。我们现在都说祖国是我们的母亲。

师：噢，她也认为母亲这个意象最重要，因为祖国也是母亲。诗人曾多次说过大陆母亲。那么，新娘呢？她跟母亲有什么关系呢？

生：他是孩子的母亲。（全班笑）

师：非常有道理！我非常认同这几位同学的意见，母亲是主要的意象。生我们的是母亲，我们要爱她、念她；祖国，是我们所有人的母亲，是孕育我们母亲的母亲，我们要思她、念她、爱她。还有一个人我们不要忘了！

生：新娘。

师：对！孩子的母亲也是母亲。所以最主要的意象，我完全同意就是母亲。余光中就曾用两个比喻来说明自己与大陆、台湾的关系。你们知道他是怎么比喻的吗？

生：比作自己的母亲和妻子。

师：你们真是太聪明了。他说，大陆是我的母亲，台湾是我的妻子。好了，《乡愁》这首诗我们学习得差不多了。现在大家知道什么叫作"乡愁"了吧？

生：知道。

师：说说看，你认为乡愁是什么？一个人只许说一句话。哪位同学先说？这位同学也很主动，你认为"乡愁"是什么？

生：对自己最重要的东西的思念。

师：他认为是对重要东西的思念，你补充一下？你认为这个重要的东西可能是什么？

生：是自己的母亲或大陆。

师：你是从诗歌里挖掘的，很好。但思念故乡是不是就一定是思念大陆？

生：不是。

师：还有哪些东西呢？

生：和家乡有关的东西。

师：比如——？

生：比如家乡的——家乡的村庄。

师：是的，仅仅说思念家乡还比较空泛。乡愁更多地寄托在具体的东西上，如邮票、船票，如家乡的村庄、一条小河，小河上的小桥行不行？（生：行）小桥旁边有棵树行不行？（生：行）树旁边有我们小时候玩过的一个水塘，行不行？（生：行）

师：这就是乡愁。成都的诗人流沙河说过他对乡愁的理解，讲得比我们更深刻。我们刚刚讲过了，什么叫"乡愁"呢？是把我们跟家乡联系在一起的那个东西，或者说隔断了我们跟家乡联系的那个东西。流沙河说："乡愁是一种思而不得的情感。"大家觉得有没有道理？

生：有。

师：天天想母亲，天天睡在母亲怀抱里，有没有乡愁？

生：没有。

师：天天跟新娘住在一起，是乡愁吗？

生：不是。

师：对啊，想见新娘却见不到，想见亲娘却见不到，想回大陆却回不去，这就是——

生：乡愁。

师：好的，非常好。现在，我们一起挑战最后一个学习任务。这首诗有几个小节？

生：四个。

师：对，四个小节。现在，我认为这个诗有点过时了，因为它这个"而现在"写在1972年，现在形势已经有了很大变化，所以我觉得我们可以给这首诗再写个第五小节。大家一起来写，好不好？

生：好。

师：第五小节第一句怎么写？

生：在未来，以后啊，到最后。

师：大家看哪个更好？"以后啊"更好，还是"在未来"好？在将来，将来和未来差不多哈。哪个好？

生："到最后"不好。

生："以后啊"好。

师："以后啊"好，为什么？

生：节奏感。

师：我觉得这个同学将来真的能写诗的，他的语感特别好。我觉得这个"啊"字特别好，刚好呼应第二小节的"啊"，这样全诗就有一个整体的节奏感：小时候，乡愁是什么；长大后，乡愁是什么；后来啊，乡愁是什么；而现在，乡愁是什么；以后啊，乡愁是什么呢？好的，这后面是一个比喻，有没有人能把这个比喻写出来呢？以后啊，乡愁是什么？或者说"将来啊，乡愁是——"或者是刚才那位同学说的"未来啊——"都可以，"乡愁是什么啊？"有没同学想到？要体现新的时代特征，对不对？我们请这位女同学带个头吧，她非常有写诗的天赋。

你想到了什么比喻啊？

生：旗帜，就是五星红旗。

师：乡愁是——？

生：乡愁是一面小小的旗帜。

师：哦。她说：以后啊，乡愁是一面小小的旗帜，我在这头，同胞们在那头。好的。这位同学的比喻时代特征很明显，而且很有思想高度。有没有其他同学来试一试？又是一位女同学，好的，说说看。

生：后来啊，乡愁是一次久久的欢聚。

师：噢，它是一次久久的欢聚。就是同胞们都相聚了是吧。时间关系，不能一个一个展示了。我们讨论一下，这两位同学写得好不好？一个认为，将来啊，乡愁是一面小小的旗帜，还有一个认为，乡愁是一次久久的欢聚。有没有同学发表一下评论？来，我们把问题简单化，认为这两个同学比喻得好的，举手给我看看。（无人举手）认为这两个同学比喻得不太好的，举手给我看看。（此时一生举手）

生：老师，我可以再写一句吗？

师：可以可以。——大家稍微拖一点时间啊。

生：我觉得，后来啊，乡愁是一张小小的机票，我在这头，大陆在那头，可以通过机票把它和大陆联系起来。

师：对对对，这个机票想得很好。那到底好不好呢？我们还要从全诗出发去讨论。首先从时间顺序来看，再从思念的对象来看，然后从感情的角度看。前面是想母亲，想新娘，想母亲，想大陆，这里就是想台湾，再从情感表现去看，前面都是表现对大陆的思念，这三个同学写的是都已经团聚了。好不好呢？

生：可以。

师：当然可以。有没有同学在大家都认为好的时候觉得有点问题？看来没有。黄老师也写过一首，你们来评点一下看好不好。——将来啊，乡愁是一层薄薄的屏幕，我在外头，女儿在里头。为什么在屏幕里面啊？我女儿在海外，我想她了就跟她视频，所以她在里头，我在外头。好不好？

生：好！

师：好不好？

生：好！

师：有没有同学认为不好的？没有？看来大家还是不善于发现问题。——我告诉你们，肯定不好。为什么？原诗第四节思念的是谁啊？是祖国！我第五小节再来一个思念女儿。好不好？

生：不好。

师：就是呀，这不是削弱了诗的主题吗？对不对？

生：对。

师：对呀，我再来写一个好不好？

生：好。

师：将来啊，乡愁是一片冥冥的宇宙，我在这个球，你在那个球。（全班大笑）这个好不好？

生：不好。

师：为什么不好呢？

（生讨论热烈。）

生：这个球，那个球，跟故乡有什么关系啊？

师：是的。这个球，那个球，跟故乡有关系吗？没有。乡愁能不能少了"乡"字呢？

生：不能。

师：乡愁能不能省了"愁"字呢？

生：不能。

师：刚才三位同学，一个把乡愁比喻为一面旗帜，一个比喻为久久的聚

第三课　现代诗歌教学

会，一个比喻为小小的机票，飞机飞过来飞过去，还有"愁"吗？

生：没有。

师：她们是写得不错，但却没有表现出"愁"字。那么，谁写得好呢？肯定是余光中写得好。对不对？

生：对！

师：余光中有一次回大陆，在福建泉州参加一个活动。有人即兴朗诵了这首诗以后请他现场增写第五小节。余光中是这么写的，他说：将来啊，乡愁是一座长长的桥梁，我去那头，你来这头。这和我们那位同学写的"乡愁是一张小小的机票"基本一样。（掌声起）你们觉得余光中写得好不好啊？有没有同学觉得余光中写得也不好？有没有？一个都没有吗？一个都没有，说明大家……（有生举手）

生：我觉得还是在一起比较好，不要走来走去。大家待在一起，不然还是岔开的。

师：她的意思是，我去那天，你又过来，这样还是遇不到你。（生笑）这位同学，你是什么意见？

生：他说乡愁是桥梁，桥梁可以你来我去，还愁吗？不愁了呀。

师：有没有道理？

生：有。

师：这位同学还有没有补充意见？

生：我还没有想出它哪儿不好。

师：我觉得余光中写的跟我们刚才两个同学写的一样，尽管我们渴望祖国统一，台湾尽快回到我们的怀抱，但是等台湾跟我们飘扬同一面旗帜的时候，当我们跟台湾同胞一次次久久的相聚时，当大陆跟台湾之间有了一座桥，你要来就来、我要去就去的时候，同学们，还有"愁"吗？

生：没有。

师：对呀！什么叫乡愁啊？乡愁是一种思而不得的情感。所以好的诗无论如何都不要再续写，否则，它会把诗的结构、情感、主题全都破坏掉。

下课前，我还要问大家一个问题，这首诗的主题是渴望祖国统一，可是台湾回到祖国怀抱后，还有没有乡愁呢？认为还有的同学举手。（无生举手）黄老师感到有点遗憾，大家的意思是，大陆和台湾统一后就没有乡愁了吗？

生：有。

师：就是呀，你们将来要不要出去读书？

生：要。

师：出去以后想不想娘？

生：想。

师：想娘是不是乡愁？

生：是。

师：出去以后想不想家乡？

生：想。

师：想家乡是不是乡愁？

生：是。

师：跟爱人不在一起想不想？

生：想。

师：跟孩子不在一起想不想？

生：想。

师：就是呀！这都是乡愁。同学们，大陆和台湾的统一一定会实现，很快就会实现。但乡愁是一种永远的美丽、永远的惆怅。希望同学们理解、珍惜这份情感。好的，下课。

第四课

古代诗歌教学

我的说法

古诗教学的"意"与"境"

中国古代诗歌尤其讲究"意"和"境"。有"意"有"境"才是好诗。王国维说:"词以境界为最上,有境界则自成高格。"显然,有境界是诗家的应有追求。

我觉得古代诗歌教学,也要追求"意"和"境"。

首先要"得意"。所谓得意,就是抓住古代诗歌的特点,按照古代诗歌的规律教学。把古诗当作现代诗教学不行,把古代诗歌当作文言文去教也不行。其次是要有"境界"。所谓有境界,就是在"得意"的基础上"有我",有自己的思考和追求、个性和风格。

目前,古代诗歌教学的问题,或者是"失意",即丢失了古代诗歌的特点;或者是"无我",即高度格式化、公式化;或者是教师大讲如何赏析作品,或者是简单化的"读读说说背背";或者是背离规律的、形式化的刻意求新。更多的做法是,先朗读,然后找意象,再描述意境,接着分析表现手法,最后归纳主题思想。这样做并非不可,但成为套路无疑就有问题了。总之,常常是强调了古诗的特点和欣赏规律,让教学成了刻板的套路;强调了教学方式的多样和求新,背离了古诗的特点和欣赏规律,玩弄形式和技术。

那么,古诗教学如何在"得意"的基础上追求有"境界"呢?我们的做法如下。

1. 在类型化中凸显非类型的教学内容

如果要简单说明中国古代诗歌和现代新诗的最大不同，我以为就是古代诗歌的典型化和类型化、现代新诗的个性化和异质化；或者说，中国古代诗歌在同中体现不同，中国新诗则在不同中体现不同。用这样简单的说法区别中国古代诗歌和新诗的不同，对于中学生来说至少是大致不错的，对于确定中学古诗教学的主要内容也是有意义的。

古诗的类型化特点主要体现在这样几个方面。

第一，诗歌题材的类型化。尽管说所有的生活都是诗的题材，但我国古代诗歌题材的主要类型却是非常集中的。《诗经》是我国古代诗歌的源头，共305篇，分《风》《雅》《颂》三部分。这三个部分就是三个主要的题材类型，又具体分为这样几类：婚恋，反映爱情、婚姻、家庭生活及妇女命运，约占风诗的三分之一，是《诗经》的主要题材；农事，反映农业生产活动；征役，反映徭役和兵役的问题；燕飨诗，又称燕饮诗或宴饮诗，以君臣、亲朋欢聚宴享为主要内容；怨刺诗，多以辛辣的笔调嘲讽统治阶级的行径。唐诗是我国古诗中最璀璨和丰富的一部分。它的题材也是高度类型化的。主要的题材有山水田园诗、边塞诗、讽喻诗、咏物诗、怀古诗、送别诗、悼亡诗、闺怨诗、思乡诗、应制诗等基本类别。归纳可能有所不同，但差别不是很大。宋词元曲题材的类型化特点也特别鲜明，基本都是在继承《诗经》、唐诗的基础上稍有变化和拓展。

第二，古诗的思想内容也具有高度类型化的特点。"诗言志"是说诗的主题和思想内容的一致性。孔子说："《诗》三百，一言以蔽之，曰'思无邪'。"什么是"思无邪"？就是思想要纯正。前文列举的《诗经》题材的类型化，同时也说明了思想内容的类型化。再如唐诗的"送别诗"，基本思想感情常常是，或表达不舍，为友人担忧，抒发哀婉凄伤之情；或表达对事业功名的追求，抒发激昂慷慨之情；或表达不平和失落，抒发忧伤激愤之情；或表现通达和纾解，抒发对友人的劝勉慰藉之情。

第三，古诗的结构形式也是高度类型化的。尽管从《诗经》《楚辞》到唐诗、宋词，形式在不断发展、不断变化，但每一个阶段都有着自身极其鲜明的特点。近体诗是最典型的代表，用字的平仄、句子的字数、句间的关系、结构的起承转合便是具体特征。即使是比较自由的词和曲，形式结构也是类型化的。上片侧重写景写事、下片侧重抒情、先写实后写虚等，就是词的基本结构形式。

第四，表现手法的类型化。中国古代诗歌作品浩如烟海，但其表现手法却是高度类型化的。古人早就将《诗经》的主要表现手法总结为"赋、比、兴"三种。这三种手法在后来历代的古诗中都有体现和继承。具体的表现手法主要是用典、衬托、联想、想象、抑扬、比兴、象征、对比、烘托、白描及借景抒情、托物抒情等。对这些概念的理解和对具体作品表现手法的确认或许常常不统一，但对基本手法的认识却是一致的。

在题材、内容和表现手法类型化的基础上，形成风格的类型化。所以，古代诗歌流派特征特别鲜明，如《诗经》的现实，《楚辞》的浪漫，杜甫的沉郁，李白的飘逸，苏轼、辛弃疾的豪放，秦观、李清照的婉约。当然，不是说现代诗没有风格和流派，但其风格、流派的特征远远没有古代诗歌鲜明和突出。

对中学生来说，古代诗歌的阅读与欣赏就是在具体作品的阅读欣赏中认识这些特点（绝不是掌握这些知识，更不是死记、死套、死扣这些概念）。新课程标准特别强调"阅读与欣赏、表达与交流、梳理与探究"三类基本学习活动，而古诗阅读欣赏中的"阅读与欣赏""梳理与探究"主要是对古诗类型化的学习与掌握。

当然，我们强调中学古诗阅读与欣赏的主要任务是认识古诗在题材、内容、形式和手法等方面类型化的特点，但绝不是说古诗教学是千篇一律的，否则就是对古诗艺术价值和教学价值的低估与矮化。伟大的作家和经典的作品之所以不朽，是因为他们总是在体现类型特点和价值的基础上有其超越类型的创新之处和个性价值，屈原如此，李白、杜甫如此，苏轼、李清照也是如此。因此，古诗教学应在充分把握古代诗歌共同特点和基本规律的基础上认识与欣赏不同诗人、不同作品的个性特点。也可以说，古代诗歌教学的首要任务就是在一定量的古诗阅读和欣赏中认识古代诗歌的典型化与类型化；同时，在这个基础或者说是在这个过程中体现不同作者、不同作品的个性特点的学习价值。

《蒹葭》是《诗经·国风·秦风》中的作品，毫无疑问，阅读欣赏这首诗歌，首先必须认识《诗经》中"国风"的内容、艺术形式特点及其阅读欣赏的基本规律，诸如赋、比、兴的表现手法，重章叠唱的艺术结构，以及《诗经》诵读的基本方法和基本欣赏路径等，这都是教学的基本内容。但绝不可无视这首诗空灵的意境、典型的象征手法等个性特点和个性价值。所以，教学这首诗，我们采用比较欣赏的方法，通过《诗经·蒹葭》和琼瑶据此改编的《在水一方》的多角度比较，将两方面的教学内容融合到一起。《渡荆门送别》是李白的一首送别诗。送别诗是唐诗很重要的题材类别，也是李白诗歌中很重要的部分。因此，这首诗既有古代送别诗的一般特点，也有李白送别诗的个性风格，又有着作品本身的个性特点。因此，我们采用小群文阅读的教学方式。第一个主要教学环节是讨论：有人认为这首诗题目的"送别"二字为误用，你认为这首诗是不是送别诗？然后阅读李白的四首诗归纳送别诗的基本内容，再来看这首诗是不是送别诗，是谁送谁，从哪里到哪里。第二个教学环节是，圈画五首诗的主要意象，说说送别诗最常用的意象，再讨论李白最喜欢用什么意象写送别。第三个主要环节是根据一定的标准对五首诗进行分类。通过这样一组教学活动，让学生在认识送别诗的基本特点、李白送别诗特点的基础上，认识这首诗的个性特点，了解古代送别诗的欣赏方法，深入欣赏《渡荆门送别》这首作品的独特之处。

教学作家的作品，尤其是欣赏伟大诗人的作品，应该特别关注他们超越类型化的地方。比如屈原，他的伟大贡献就是突破了楚辞既有的类型特点，赋予它新的类型化特点，所谓"香草美人"的表现手法便是典型的例子。又如杜甫，让诗歌更具有"史"的价值。对于诗歌体裁的突破和丰富，李白常常不按形式要求创作，对诗歌形式的突破和丰富也是如此。再如苏轼、李煜，他们对词的贡献，就在于从题材到词的形式，突破了词的一般类型特点。就个体作者而言，他们在开创独特风格和流派，为古诗作出巨大贡献的同时，其创作又会常常突破自己的风格和流派，这也是我们在教学中要特别关注的。如果总是死扣"沉郁""飘逸""豪放""婉约"等概念，必然是胶柱鼓瑟，破坏对具体作品的学习和欣赏。苏轼和辛弃疾是豪放派的开创者和代表人物，但他们都有许多婉约的作品，如苏轼的《江城子·十年生死两茫茫》《水调歌头·明月几时有》，辛弃疾的《清平乐·村居》。教学这些作品，如果死抱着"豪放派"去理解欣赏，一定是南辕北辙、方枘圆凿。李清照也是如此，她是婉约派的代表，却有"生当作人杰"这样豪迈的诗句。

2. 在基本欣赏路径中寻求突破性教学策略

相比于文章的写作理论和鉴赏理论，我国古代的"诗论"是比较发达的。说到文论，除了刘勰的《文心雕龙》、曹丕的《典论·论文》、挚虞的《文章流别论》，一般人所知道的便不多了。相对而言，诗论就比较丰富，欧阳修的《六一诗话》、严羽的《沧浪诗话》、袁枚的《随园诗话》、钟嵘的《诗品》、刘熙载的《艺概》、李清照的《词论》、王国维的《人间词话》，林林总总，连陆机的《文赋》，虽然题目为"文"，实际也是论诗的。在这些丰富的诗论中，总结了很多写诗和诗歌欣赏的经验与方法。

古人总结的诗歌鉴赏最为典型的路径和方法是：由言及象，由象得意。王弼在《周易略例·明象》中指出："夫象者，出意者也；言者，明象者也。尽意莫若象，尽象莫若言，言生于象，故可寻言以观象；象生于意，故可寻象以观意。"这道出古人诗歌欣赏最基本的路径：由"言"而"明象"，由"象"而"尽意"。

值得强调的是：（1）理解是欣赏的基础。古诗欣赏首先要由"言"入手，"尽言"才能"尽象"。要尽言，必须有字、有句、有篇。好诗总是必有妙句；妙句必有妙词。但必须注意诗中之"言"是诗化的语言。这方面，我们常见的问题是，要么把古诗当作古文，把诗中之"言"当作文中之"言"，大搞字字落实的翻译；要么就是没有理解，只有架空的欣赏，舍"言"而取"象"。（2）"尽象"是古诗欣赏的关键环节。所谓"尽象"，就是完整地理解诗中之象。"大漠孤烟直，长河落日圆"中，"漠"不是象，"烟"不是象，

"河"和"落日"也不是象,空旷无边的荒漠才是"象",在大漠中从天际蜿蜒过来的"河"才是"象"。如果把"千山鸟飞绝,万径人踪灭"中的"飞鸟"和"人踪"理解为"象"则是荒唐和滑稽的;无鸟之山,无人之"径"才是"象"。还要区别诗中的"象"和生活中的"象",更要能够得诗人心中之"象",即捕捉到"意"中"象"。这方面,我们容易出现的问题是,混淆"物"与"象"的区别。所以,更多的人强调"象"应表达为"意象"。所谓"意象",即意中之象,境中之物,是浸染着诗人情绪的"物"。古诗欣赏要抓住核心意象充分展开活动。(3)"达意"是古诗欣赏的基本目的。这里的"达"是相对的,不是绝对的;是模糊的,并非清晰的;是发散的,并非唯一的;是过程,并非结论;是常常可以意会,而不可以言传的。这里的"意"是意境,也是意趣,有时候也是"意义"。这方面我们容易出现的问题是,常常以明晰代替模糊,以"一见"代替"众见",以结论代替过程,以"言说"代替感悟,以"意义"代替"意境"和"意趣"。

以上是说古诗欣赏的基本路径或者说基本范式,这是古诗欣赏的基本规律,也是古诗教学的基本任务。但理想的古诗教学应该在此基础上寻求突破,否则就会成为僵化的模式和套路。根据我们的经验,可以从这样几个方面求得突破。

(1)舍"言"取"象"——"合上书"想见诗人所"见"。

以"言"入"象",是古诗欣赏的基本规律,但并非古诗欣赏都得如此。香菱学诗的体会便充分说明这个道理。黛玉让香菱说说读诗的体会,香菱说:"据我看来,诗的好处,有口里说不出来的意思,想去却是逼真的;有似乎无理的,想去竟是有理有情的。""我看他《塞上》一首,那一联云:'大漠孤烟直,长河落日圆。'想来烟如何直?日自然是圆的:这'直'字似无理,'圆'字似太俗。合上书一想,倒像是见了这景的。若说再找两个字换这两个,竟再找不出两个字来。再还有'日落江湖白,潮来天地青':这'白''青'两个字也似无理。想来,必得这两个字才形容得尽,念在嘴里倒像有几千斤重的一个橄榄。还有'渡头馀落日,墟里上孤烟':这'馀'字合'上'字,难为他怎么想来!我们那年上京来,那日下晚便湾住船,岸上又没有人，只有几棵树，远远的几家人家作晚饭，那个烟竟是碧青，连云直上。谁知我昨日晚上看了这两句，倒像我又到了那个地方去了。"

这段话道出古诗欣赏的许多规律，其中重要的一条就是告诉我们：有时候一味从"言"入反而得不到"象"，而"合上书一想，倒像是见了这景的"。这就是不从"言"入而直接取"象"。事实上，有些诗的欣赏，如从言入反而不得要领。比如杜甫的《绝句》："两个黄鹂鸣翠柳，一行白鹭上青天。窗含西岭千秋雪，门泊东吴万里船。"如果只是从语言入手，便像香菱初读王维的诗一样，觉得诗象平常、诗意寡然，几乎没有值得咀嚼之处。只有"合上书一想"，才能得"象"、得"意"，看到欢快明亮的景象和生机盎然的春天，感受到作者安史之乱后且喜且忧的情绪。可以说，那些"诗的好处""口里说不出来""似乎无理的，想去竟是有理有情的"诗句尤其应该"合上书一想"，而不能一味教条地由言而入。很多老师引导学生品读"春风又绿江南岸，明月何时照我还"，总是在"绿"的使动用法上大做文章，就是在"言"上死花力气而不能入"象"的做法。

香菱学诗还告诉我们：舍"言"入"象"，关键在于"想""见"，有"想"才有"见"。所谓"想""见"，就不是直接从字句上出来的，而是从字句背后、字里行间出来的。"想"不是技术性拼图，而是要联想还原自己的生活场景和诗人的生活，读诗中之"象"，感受"象"中之"意"；也不是取现成的图或者画来对应，因为这里是"见"而缺少自己的"想"，见的是诗外的画而不是诗中的画。

苏轼说，"味摩诘之诗，诗中有画，观摩诘之画，画中有诗"。不仅仅王维的诗如此，除特殊情况，诗中一定是有画的。所以，以画读诗是基本的方法。首先是把诗当作画来观，其次是从诗中读出画来，当然还可以借助画帮助我们读诗。但要把诗当作画来读，从诗中读出画来并不容易，很容易出现的问题是看不到画，只是把诗当作文言文翻译，或者做一些不着边际的"改写"。我教学《白雪歌送武判官归京》，一个活动是让同学们自己读诗发现有画的句子。学生容易发现有画面的是"忽如一夜春风来，千树万树梨花开"和"山回路转不见君，雪上空留马行处"，其他的诗句中便看不到画面了。

让他们描述这两句诗的画面时,就只是填一两个连接的词语而已,其实并没有画面。于是,我一边引导学生如何从看似"无画"处读出画面来,一边指导他们如何读出一看就有画的诗句的"画面"。"忽如一夜春风来"到底是什么样的"风"呢?又是如何"来"的呢?"千树万树梨花开"是梨花吗?不是梨花是什么花呢?雪花又是什么样的雪花呢?"千树万树"又是什么样的树呢?

(2)舍"象"取"意"——在自自然然的朗读中体悟诗人之心。

毫无疑问,"象"是诗中最核心的元素,中国古代诗歌尤其如此。但由"象"达"意"并非唯一的路径,甚至有时候舍"象"取"意"更能得到诗人心中真正的"意",或者说更能得到最丰富的"意"。这个路径就是读。桐城派讲究"因声求气",即通过朗读体会作者的辞气和思想感情。

这似乎算不得"创新"的方法。教学诗歌要多读,这应该是常识和共识,现在老师的诗歌教学——至少是公开课,都会在朗读上花工夫。事实上,诗歌的朗读问题不少。有人追求字正腔圆的标准化朗读,于是把播音员、话剧演员的朗读奉为标准范式;有人热衷于高度专业化、技术化的朗读,于是重音、停顿、延长成为教学的重点。近年来,不少人又陶醉于所谓的吟唱,哼哼唧唧,拿腔捏调,甚至要以桌为鼓,敲敲打打,架势吓人。

这是不是诗歌教学朗读的正路呢?到底应该怎么读呢?周建忠教授在谈到古诗教学时说,古诗词的朗读,不是朗诵,也不是诵读,更不是吟唱,就是朗读。我们是非常赞同这个观点的。因为朗诵、诵读和吟唱都是讲究一定形式的艺术,需要一定的专业素养。诗歌的朗读,是进入诗歌的一种基本路径,是诗歌欣赏的一种基本的、通用的方法,是每个人天生具备的能力。牛背上的牧童,田间的农夫,撒网的渔民,都能随口朗读出自己喜爱的诗歌,而深得诗韵和诗意。朗读不同于朗诵、诵读、吟唱的地方,就是它是因人而异的自自然然的读。只有这样一种自自然然的读,才最容易"因声求气",真正感受到诗人的辞气和"心气"(思想情感,胸中之意)。其他特定形式的朗读,都会因为注重某种形式的要求而阻碍朗读者和作者心灵的沟通与共鸣。有人认为,《雨霖铃》用普通话是读不出作者的感情的,甚至认为诗歌的朗读就应该用方言。有研究者认为，古人的所谓吟唱本来也是一种个人化的、"随随便便"的朗读，而现在被某些人追捧为一种"艺术的读诗方法"，还要为谁是正宗的吟唱争论不休，实在有悖读诗的初衷，也有悖于真正的吟唱大家的本意。

教学《蜀道难》这首诗，我本也觉得自己的朗读不足以体现李白的豪迈之情，于是去找名家的朗读。可是发现找到的几个名家的朗读居然差别很大，该用哪一个作为范本教学呢？去问一位这方面有造诣的老先生，他说：你喜欢谁的就是谁的。我说都喜欢，又都不喜欢。他说：那你自己读。可是我读了几次也都不一样，我该怎么指导学生读呢？又去向老先生请教，他说：学生喜欢怎么读就怎么读。这位并不"名于世"的老先生的话点醒了我。于是，我教学的第一个活动就是指名多位同学朗读"噫吁嚱！危乎高哉。"这两句，然后讨论谁读出了李白的豪情。谁读出李白的豪情，就是好的朗读。事实上，班级中不止一个同学读出了李白的豪情，但读法并不一样。后来，我问对朗读技术有研究的同行，这七个字的重音停顿和延长应该怎么处理，他们也说法不一。因此，我的诗歌教学中，绝没有拿腔捏调的朗读。当然，强调个人自自然然地读，并不是否定朗读和情感的关联性。同样教学《蜀道难》，我也指名几位同学朗读"蜀道之难难于上青天"这个主题句，然后讨论比较：是不是可以随便朗读出现在不同处的这个句子？是不是可以把这个句子读得一样？当然是不可以。这个句子在诗中的位置不同，作用不同，感情也不同。教学《白雪歌送武判官归京》，有一个教学环节是我和学生"比赛"朗读，让学生发现我的拿腔捏调、看似很有感情的朗读是不切合诗人"惆怅而豪迈"的情感的。

（3）因"意"悟"象"——借"诗人之心"看诗中之"物"。

写诗要有诗心，有诗心才可做诗人；读诗要有"诗人之心"，有"诗人之心"，才能读懂"诗中之象"。没有"诗人之心"，诗中之"象"都只是寻常之物，甚至会觉得"莫名其妙"，更不可能由"象"而得"意"。

鉴湖女侠秋瑾有一首词《鹧鸪天》："祖国沉沦感不禁，闲来海外觅知音。金瓯已缺总须补，为国牺牲敢惜身！嗟险阻，叹飘零。关山万里作雄行。休言女子非英物,夜夜龙泉壁上鸣。"很显然,"龙泉"是词中的核心意象。可是怎样理解这个意象才能得作者心中之"意"呢?仅仅从用典的角度是难得要领的。有人问:剑不应该是在剑鞘中吗?怎么会在壁上发出声音呢?我们当然可以借助"龙泉壁上鸣"的典故加以解说:传说战国时有人盗仙人王子乔之墓,唯见一剑挂于壁上,此人想去摘取时,剑忽发出龙鸣虎吼之声,接着化龙飞去,后人因此常以剑鸣比喻有雄心壮志,将来要做一番大事业。这样的解读显然对"龙泉宝剑"这个意象没有解读到位,因为"要做一番大事业"并非诗人的心中之意。从写作背景、秋瑾其人和词的上片不难知道,诗人之心不是要做什么个人的大事业,而是感怀国家沉沦,决意为国牺牲,以身补"天"。于是,这夜夜鸣响的龙泉宝剑,便是诗人滚烫的热血和一颗充满报国热情的心。

辛弃疾有一首婉约的词《清平乐·村居》:"茅檐低小,溪上青青草。醉里吴音相媚好,白发谁家翁媪?大儿锄豆溪东,中儿正织鸡笼。最喜小儿亡赖,溪头卧剥莲蓬。"很多人喜欢"最喜小儿亡赖"这一句。在词中,"亡赖""小儿"便是核心意象。如果只是知道"小儿"是作者的小儿子,便是以"象"为"物"。如果我们知道作者的半生经历,理解此时他遭受议和派排挤和打击而只能"村居",但却心系大宋恢复大业,便知道"亡赖""小儿"这个意象包含的绝不是对田园和天伦的享受,"最喜"中也不仅仅是对孩子的喜欢,更多的是对"亡赖""小儿"的羡慕和自己的百般无奈。同样,只知道"吴音"是指吴地的方言,也是以"象"为"物"。那个"把栏杆拍遍"的诗人现在只能用"吴音"和老妻相互"媚好"。想象一下山东大汉的"吴音"会是一种怎样的"媚好"呢?理解杜甫《江南逢李龟年》"岐王宅里寻常见,崔九堂前几度闻。正是江南好风景,落花时节又逢君"中的"落花"这个意象,只有由诗人心中之"意"出发,才能有丰富而比较全面的理解。

孙绍振先生在《评〈中国诗词大会〉》一文中批评了诗词大会中曲解古典诗词的多个案例。其中绝大多数的问题是脱离了"意"在生硬地解读"象",原因是都拘泥于由"象"得"意"的一般路数。比如把读《山行》中的"停车坐爱枫林晚"理解为"一人坐于石上",把刘禹锡《乌衣巷》中的

"旧时王谢堂前燕，飞入寻常百姓家"说成"迎来归燕，写出富贵气象"，把屈原《离骚》中的"制芰荷以为衣兮，集芙蓉以为裳"说成"中国男性在古代有化妆的习俗"，把柳宗元《江雪》中的"孤舟蓑笠翁，独钓寒江雪"说成"这场雪乃是他心中的雪"，都是脱离诗中之"意"和诗人心中之"意"的解读。

所谓因"意"悟"象"就是借助"意"解读"象"的内涵。苏轼的《卜算子·黄州定慧院寓居作》是很多人喜欢的词："缺月挂疏桐，漏断人初静。谁见幽人独往来，缥缈孤鸿影。惊起却回头，有恨无人省。拣尽寒枝不肯栖，寂寞沙洲冷。"这首词意象密集，但最核心的意象无疑是"独往来"的"幽人"和"缥缈孤鸿影"。如果由"言"入"象"，似乎并不困难，也能较好地理解意象的特征，如"缥缈的""孤鸿"，"独往来"的"幽人"。如果我们着眼于词中之境和词人的实处之境来思考，就会产生许多问题：词境之中有"缥缈"的"孤鸿"吗？有"独往来"的"幽人"吗？是有其一还是有其二。如果有其一，它们又是什么关系呢？是借"缥缈孤鸿"写"独往来"的"幽人"，还是借"独往来"的"幽人"写"缥缈孤鸿"呢？词中是写"缥缈孤鸿"还是"缥缈孤鸿"的"影子"，或者既有"缥缈孤鸿"又有它的"影子"？在词人的实处之境中，他有没有见到"缥缈孤鸿影"和"独往来"的"幽人"呢？它们和作者又是什么样的关系呢？如果都没有，又怎么理解下片的内容呢？这时候发现，看似确定的意象变得不确定起来，看似明朗的意境变得虚幻、朦胧、丰富起来。我们是否要为这些问题找到一个答案呢？当然不是。但思考和讨论这些问题的过程，便是最好的欣赏。我们对"象"的理解丰富了，对"意"的理解也就丰富了。

总而言之，由"象"得"意"是古诗欣赏的基本路径，但有时候因"意"悟"象"不仅使欣赏具有更丰富的路径，也会使欣赏过程有更丰富的获得。

（4）因"意"取"义"——以"诗人之心"得"诗外之心"。

"意"和"义"的字义，通常情况并不容易混淆。在相近的内涵中，"意"更多地指"主观"的"心思、心愿、心态"，"义"更多地指客观的"意思和意义"。但这只是简单的说法。正如前文所述，在古诗欣赏中，一般都强调"意"，而不强调"义"。事实上，我们在承认古诗欣赏中"意"的重要和丰富内涵的同时，也要看到很多古诗是有"义"的，甚至有丰富的"义"。

首先，很多古诗是直接表达"义"的。苏轼的《题西林壁》："横看成岭侧成峰，远近高低各不同。不识庐山真面目，只缘身在此山中。""不识庐山真面目，只缘身在此山中"便是"义"。王安石的《登飞来峰》："飞来山上千寻塔，闻说鸡鸣见日升。不畏浮云遮望眼，自缘身在最高层。""不畏浮云遮望眼，自缘身在最高层"，也是比较典型的"义"。李清照的《夏日绝句》："生当作人杰，死亦为鬼雄。至今思项羽，不肯过江东。"诗中的"生当作人杰，死亦为鬼雄"，更多的也是"义"。

更多的诗，"义"蕴含在"意"中，由"意"来。如陆游的《书愤》："早岁那知世事艰，中原北望气如山。楼船夜雪瓜洲渡，铁马秋风大散关。塞上长城空自许，镜中衰鬓已先斑。""塞上长城空自许"是"意"，也是"义"。同样是陆游的诗："死去元知万事空，但悲不见九州同。王师北定中原日，家祭无忘告乃翁。"其"义"更是非常鲜明。"出师一表真名世，千载谁堪伯仲间"，是诗人心中之"意"，也是"义"。

更多的时候，诗人的用心只是在于"意"，但读者却从中读出更多的"义"。如王之涣的《登鹳雀楼》："白日依山尽，黄河入海流。欲穷千里目，更上一层楼。"诗中的"欲穷千里目，更上一层楼"一联，或许诗人就是写自己当时的感受和联想，但后人读来却自然地生发出哲理的启迪。再如陆游的《游山西村》："莫笑农家腊酒浑，丰年留客足鸡豚。山重水复疑无路，柳暗花明又一村。箫鼓追随春社近，衣冠简朴古风存。从今若许闲乘月，拄杖无时夜叩门。"从诗的结构和具体内容看，"山重水复疑无路，柳暗花明又一村"，更多的是在写景中抒发诗人心中之"意"，但今天已经成为公认的生活哲理。

但要强调的是，"诗"中之义不同于"文"中之义，不是靠文本的分析而得，应该由"意"而来。不管是哪种类型的"义""意"关系，我们对古代诗歌的欣赏必须因"意"取"义"、"义"从"意"来、"义"由"意"生。

即使前面说到的这类直接表"义"的诗也是借助"意"来表达的。"塞上长城空自许"中的"义",首先是借助"塞上长城"这个"象"表达的,同时也是借助全诗的"意"表达的。

所以,我们的欣赏路径只能通过"意"而得"义",即"义"从"意"来。

(5)因"象"得"言",因"意"悟"言"——通过"诗中所见""诗人之意"解读"诗人之说"。

无论读文还是读诗,"言"都是入口,但"言"的解读并不是一步到位的,而是多层次的。很多时候,在没有得"意"的情况下,"言"的解读是很难真正到位的。比如张若虚的《春江花月夜》"春江潮水连海平,海上明月共潮生",教学中大家都会关注到是"生"不是"升",只是常常从识记的角度加以强调是"生"而不是"升"。但为什么是"生"而不是"升"呢?这单从字面上是没有办法解决的,只有借助"意"来解决。我教学时在黑板上画了写意的海面简笔画,问:这月亮是应该在海面的什么位置呢?是半含在海面之中还是半悬在海面之上?或者是悬挂在半空之中?这就是借"意"品字。诸如"大漠孤烟直,长河落日圆"的"直"和"圆","日落江湖白,潮来天地青"的"白"和"青","渡头馀落日,墟里上孤烟"的"馀"和"上","红杏枝头春意闹"的"闹","则敲月下门"的"敲","春风又绿江南岸"的"绿"等,凡是用得妙的字,无不放在"意"中才可知其妙处。

当然,借"意"解字,解字也是解意,是"言意共生"。苏轼的《卜算子·黄州定慧院寓居作》中有"谁见幽人独往来,缥缈孤鸿影"一句,便有不同解读。首先,是"谁见"又作"时见"(好像还有"惟见"之说)。那么,"谁见"好还是"时见"好呢?其次,对"见"有不同解读:一说"谁见幽人独往来"是问,"缥缈孤鸿影"是答;一说"幽人独往来,缥缈孤鸿影"都是所见,"幽人独往来"和"缥缈孤鸿影"之间是比喻关系。那么,谁比谁呢?又有两解。意思是谁见这如同"幽人独往来"的"缥缈孤鸿影",或者谁见这如同"缥缈孤鸿影"的"幽人独往来"呢?对"谁见"还有一种理解,"谁见"是反问,意思是无人见。各说都不无道理。看似简单明白的"言"的理解,就因"意"的不同而变得复杂有趣。苏轼的《念奴娇·赤壁怀古》中"羽扇纶巾，谈笑间，樯橹灰飞烟灭"又作"羽扇纶巾，谈笑间，强虏灰飞烟灭"，"故国神游，多情应笑我，早生华发。人生如梦，一尊还酹江月"又作"故国神游，多情应笑我，早生华发。人间如梦，一尊还酹江月"。不少老师觉得这是教学的难题。其实，如果运用借"意"解字的策略教学，引导学生由"意"出发，揣摩"字"的选择，把解字变成"言意共生"的过程，其效果就不只是一箭双雕了。

3. 在作品个性中发现个性化的教学活动

我们知道，年轻老师最关注的是如何发现和设计具有新意的教学方法与教学活动。除了教师的专业素养和课程素养的积累与提升之外，就古代诗歌的文类教学而言，要发现所谓新颖的教学方法和教学活动，必须能基于具体作品的个性设计教学方法和组织教学活动。只要能够找到最适合"这一篇"的教学方法和教学活动，一定是新颖的、有质量的。方法是从具体篇目中出来的，而不是把别人的方法变成自己的方法，也不是把现成方法套用到课堂上，更没有千篇一律、处处可用的方法。不少老师的古诗教学高度类型化，就是因为脱离了"这一篇"。

教学《蜀道难》，我是有几个"新方法"的。（1）多名学生比较朗读诗歌的前三句"噫吁嚱，危乎高哉，蜀道之难难于上青天"，发现这几个句子可以有多种不同的朗读方法，而且都能够读出豪迈之情。（2）多个同学比较朗读诗歌的骨干句"蜀道之难难于上青天"的不同方法，明确：这三个反复句必须读得不一样。（3）我朗读首尾和三次反复的句子"蜀道之难难于上青天"，学生齐读其他句子，讨论：首尾句加上三次反复的句子"蜀道之难难于上青天"，足以构成一首诗，为什么作者还要铺写其他句子？（4）学生讨论文本的分段和分行，然后齐读，我在黑板上用线条表达我对分段分行的看法，学生讨论：我主张如何分段分行？从起伏的线条中发现了《蜀道难》的哪些特点。

教学《白雪歌送武判官归京》时，我也有几个有些新意的方法：（1）第一个活动是请三位同学到黑板上默写课文（不会默，就抄写），其他同学在座位上默写,然后评讲书写,各人朗读自己默写的部分。(2)讨论诗歌主要围绕题目哪两个字展开,哪些句子主要写"雪",哪些句子主要写"送"?能否从写雪为主的句子中也看到写"送",从主要写"送"的句子中也看到写"雪"?(3)从诗中读出画面,选择一句描述画面,然后集体描述诗句"忽如一夜春风来,千树万树梨花开""山回路转不见君,雪上空留马行处"蕴含的画面。(4)讨论:只用四句就可以写出送别,写其他内容有什么作用?(5)我和学生比朗读,让学生评价谁读得更好。

大家姑且认为这些教学活动、学习活动还有一点新意,那么,稍加比较,就会发现这些方法都是不能互换的。教学《蜀道难》,如果一上来就让学生默写,显然难度很大,甚至说没有必要。讨论诗歌围绕哪个字展开,这个活动对于高二学生来说也没有意义。事实上,我就作过这样的尝试。学生不读诗都知道是围绕"难"字展开,接下去的教学活动顺着这个思路就是讨论作者是从哪几个角度来写"难",这就陷入一般套路,并不切合古诗阅读欣赏的规律。如果让学生找句子读出画面,很显然,这也不切合这首诗的特点。虽然不能说这首诗一定没有画面,但至少说它的主要特点不是"诗中有画"。至于让学生和我比读,或者我"误读"让学生发现和"批评",也不适合《蜀道难》。主题的多向性,决定了这首诗的朗读有多种处理方式。教学《白雪歌送武判官归京》,如果朗读时处理成一般送别诗的"伤感"甚至"悲凉",无疑是不妥当的。

换个角度说,教学《白雪歌送武判官归京》,如果反复比读开头几句和骨干句,显然是可笑的。即使有一点相似的两个文本的变形处理,也是不可以互换的。前一个是留首尾句和反复句,后一个是留画面感最强的句子;前一个是我和学生组合朗读,后一个是学生自由朗读体会。这都是由两首诗本身决定的。至于用起伏的线条来让学生发现它和诗歌之间的对应关系,这是由《蜀道难》跌宕的情感、奔放飘逸的风格、长长短短的"乐府"句式,以及"歌行体"决定的。

很显然,最好的教学方法和学习活动一定是基于这首诗的特点设计和组织的;脱离了"这一篇"的具体特点去追逐所谓新颖的教学方法和学习活动，只能是适得其反。

我的课例

《蒹葭》教学设计

《蒹葭》是诗集《诗经·秦风》中的一篇。诗的主题有多种说法，现在一般认为是一首情歌，表现追求所爱而不及的惆怅与忧伤。教材也把它作为一首爱情诗，和《关雎》合在一起编为《〈诗经〉二首》。

全诗共三章，每章只有几个字不同，形成各章内部韵律协和而各章之间韵律参差的效果，也形成语义的往复推进，非常典型地体现了《诗经》重章叠唱的特点，同时综合运用了比、兴等常用的手法。

台湾作家琼瑶曾经根据这首诗创作了歌词《在水一方》作为电影《在水一方》的主题歌。教学这首诗，我采用比较的方法，通过《蒹葭》和《在水一方》歌词的比较，借助《在水一方》的歌词帮助学生感受《蒹葭》的意境，让学生在比较中掌握《诗经》朗读的一些常识，理解《蒹葭》的基本内容，认识《蒹葭》及《诗经》的主要特点。

教学过程如下：

第一，对比朗读两首诗，体会四言诗的朗读节奏。

（1）先自由朗读《蒹葭》，后指名朗读，注意字音。

字音提醒：

蒹葭（jiān jiā）　溯（sù）　晞（xī）　跻（jī）　坻（chí）　涘（sì）　沚（zhǐ）

（2）出示《在水一方》，对比朗读，体会诗歌朗读特点。

在水一方

琼　瑶

绿草苍苍　白雾茫茫　有位佳人　在水一方

我愿逆流而上　依偎在她身旁　无奈前有险滩　道路又远又长
我愿顺流而下　找寻她的方向　却见依稀仿佛　她在水的中央

绿草萋萋　白雾迷离　有位佳人　靠水而居
我愿逆流而上　与她轻言细语　无奈前有险滩　道路曲折无已
我愿顺流而下　找寻她的踪迹　却见仿佛依稀　她在水中伫立

（3）小结。

①四言诗朗读一般二二节奏。

②押韵字一般要读得略长而饱满，显出音调的回环之美。

第二，比较两诗同一意象的不同表达，理解《蒹葭》关键词的意思，体会原诗的丰富意蕴和意境。

（1）找出《在水一方》中画线部分在《蒹葭》中的对应内容。

逆流而上——溯洄从之。

道路又远又长——道阻且长。

绿草萋萋——蒹葭苍苍、蒹葭萋萋、蒹葭采采（兴的手法，意境空灵且凄清）。

白雾迷离——白露为霜、白露未晞、白露未已（追求时间长）。

靠水而居——在水一方、在水之湄、在水之涘（追求地点变化，伊人的缥缈）。

险滩——阻跻右（追求道路的曲折艰难，追求者的执着）。

（2）讨论：这样的改写好不好？

（3）小结：总体体现了一种迷蒙空幻的意境。《蒹葭》意味更加含蓄丰富，更加空幻；《在水一方》意境更容易感受和理解，是再创作而不是翻译。

第三，比较《蒹葭》和《在水一方》的结构，认识重章叠唱的特点，体会、理解其表现效果。

（1）发现两诗结构上的不同。

《蒹葭》：重章叠唱（全诗三章，每章只有几个字不同，几个字的意思也略有变化）；《在水一方》：两章重叠整齐对称。

（2）朗读《蒹葭》，体会表达效果。

（3）小结：重章叠唱，一唱三叹，反复吟咏，回环之美，不断推进诗意。

第四，讨论对关键句的理解，初步了解主旨。

（1）《在水一方》中的"我愿顺流而下与她轻言细语"对应《蒹葭》中的哪些句子？

（溯游从之，宛在水中央。溯游从之，宛在水中坻。溯游从之，宛在水中沚。）

（2）你觉得琼瑶这样改写好不好？

宛在水中央。宛在水中坻。宛在水中沚。——都是在水中央，但写出地点的变化，感觉伊人离得更远，让人觉得更不可得。三个"宛在"，表示不确定，显得更为朦胧缥缈、难以追寻。

"与她轻言细语"，追求靠得太近。

《蒹葭》的缥缈感更强，意境也更美。

（3）"溯游"和"溯洄"的意思有什么不同？为什么要写顺流而下也找不到？你觉得伊人到底在哪里？

"溯游"是顺流；"溯洄"是逆流。

顺流也找不到，无法接近，说明并不是因为道路又险又远。

"伊人"永远在可见不可接近的地方。——可望而不可即，可求而不可得。

第五，比较核心意象，理解"伊人"的丰富内涵。

（1）指名读《蒹葭》，说说诗中的核心意象是哪一个？

伊人。

（2）指名读《在水一方》，说说诗中的核心意象是哪一个？

佳人。

（3）讨论："佳人"是否能等同于"伊人"？能否替换"伊人"？

不完全等同。

链接：

"佳人"义项：①指有才的女子，或者是美貌的女子；②也指君子贤人；③妻子称自己的丈夫；④古时常指怀念中的女子、理想中的女子。

"伊人"义项：①在古代男女通用，现今大多专指年轻女性，也就是心目中所倾心喜欢的那个女子；②指明君或贤臣；③指遵循善良风俗的百姓，即良民；④是美好事物的象征。

（4）讨论：诗中的伊人是不是就是指人？伊人有什么特征？

象征手法。伊人，可以指人，也可以指美好的事物。

望之而不可即，见之而不可求，求之而不可得。——"古之写相思，未有过《蒹葭》者。"

第六，比较两首诗的题目，认识比、兴手法的基本特点。

"在水一方"和"蒹葭"两个题目，你更喜欢哪一个？

都是《蒹葭》中的诗句，各有特点。"蒹葭"：比兴；"在水一方"：意境更鲜明。

第七，解读诗中的"我"，深入理解主旨。

（1）《在水一方》比《蒹葭》多了一个什么意象？

"我"。

（2）《蒹葭》中有"我"吗？

有。"溯洄从之"，"溯游从之"，"从"的主体就是"我"。六个"从之"，表现了"我"执着的追求。

（3）小结：心中要有"伊人"；有了"伊人"，要敢于追求；但追求不是为了得到，而是表达我们对美的热爱和向往。

第八，齐读《蒹葭》。

《春江花月夜》教学实录

师：今天和大家一起欣赏一首唐诗，大家已经知道题目了吧？

生：（齐声）知道了。

师：下面我来写课题，我写一个字，你们念一个字，念完了，请大家回答一个问题：这首诗的题目有什么特点？第一个字是——

生：（齐声）春。

师：第二个？

生：（齐声）江。

师：第三个？

生：（齐声）花。

师：第四个？

生：（齐声）月。

师：第五个？

生：（齐声）夜。

（板书：春江花月夜。）

师：好，回答一个问题：这首诗的题目和你们学过的唐诗的题目相比，有什么特点？我们学过很多诗，如李白的《蜀道难》《将进酒》，杜甫的《春望》《望岳》《江南逢李龟年》。这首诗的题目和以前学过的诗相比，有什么特点？

生：（异口同声）不知道。

师：哦，不知道就想一想，有同学能说说有什么特点吗？

生：这首诗的题目是五个意象叠加在一起的。

师：是呀！你看这个同学就很敏锐。为什么我要一个字一个字地读啊？就是要感受一下题目的特点。哪个同学能说出以前学过的哪首诗的题目是由五个意象组合而成的？有没有？没有。只有一首诗的诗句有点相似，都是由一串意象组合而成的，哪一首？

生：（齐声）《天净沙·秋思》。

师：对，马致远的一首小令，准确来讲是《秋思》。

（师生共同背诵：枯藤老树昏鸦，小桥流水人家。古道西风瘦马……）

师：这样一个题目，有人把它概括为："它是由一组意象群组成的。"

（在诗题前板书：意象群。）

师：这首诗题目的特点反映了这首诗一个很重要的特点，就是意象丰富。

（板书：丰。）

师：当然，意象丰富不仅是指题目中的这五个意象，诗里面还有很多。

那么，这五个意象在全诗中是如何体现的呢？又有什么作用呢？这是我们要思考的问题。现在，请大家自由诵读诗歌，到诗里面找一找有关诗句。我们分组完成。你们这个组，找全诗中有"春"的诗句。你们组是"江"，你们组呢？对，是"花"。你们组是"月"，最后一组是"夜"。看到你们要找的那个字，请大家把它圈起来。

（学生自读，找有关诗句。）

师：第一组，哪个同学跟大家说一说你总共找到了多少个诗句里有"春"的？

生：4句。

师：第一句？

生：春江潮水连海平。

师：第二句？

生：何处春江无月明。

师：他说的时候大家要干什么？圈圈啊，他说的时候你们要跟着说，多说一遍你们的印象就更深刻。好，第三句？

生：可怜春半不还家。

师：大家有没有找到？好，第四句呢？

生：江水流春去欲尽。

师：有没有同学有补充的？没有，这位同学的读书习惯很好，看书很细。有"春"的诗句是4句。

（在诗题"春"下板书：4。）

师：第二组哪个同学来说说，多少个诗句里有"江"？

生：（齐声）12句。

（师在诗题"江"下板书：12。）

师：第一句？

生：春江潮水连海平。

师：第二句？

生：何处春江无月明。

师：第三句？

生：江流宛转绕芳甸。

师：第四句？

生：江天一色无纤尘。

师：第五句？

生：江畔何人初见月。

师：第六句？

生：江月何年初照人。

师：第七句？

生：江月年年只相似。

师：第八句？

生：不知江月待何人。

师：第九句？

生：但见长江送流水。

师：第十句？

生：江水流春去欲尽。

师：第十一句？

生：江潭落月复西斜。

师：第十二句？

生：落月摇情满江树。

师：还有没有？没有了，这个同学看书也很仔细。第三个，"花"。哪个同学来说一说？

生：（齐声）两句。

师：就两句吗？第一句在哪里？

生：月照花林皆似霰。

师：还有一句呢？

生：昨夜闲潭梦落花。

师：有没有补充的？好，没有，只有这两句。

（在诗题"花"下板书：2。）

师：请哪位同学来说说"月"？好，就是你了。你找到几句有"月"的诗句？

生：（齐声）15句。

师：15句啊？好的，第一句在哪里？

生：海上明月共潮生。

师：第二句呢？

生：何处春江无月明。

师：第三句呢？

生：月照花林皆似霰。

师：第四句呢？

生：皎皎空中无月轮。

师：第五句呢？

生：江畔何人初见月。

师：第六句呢？

生：江月何年初照人。

师：第七句呢？

生：江月年年只相似。

师：第八句呢？

生：不知江月待何人。

师：第九句呢？

生：何处相思明月楼。

师：第十句呢？

生：可怜楼上月徘徊。

师：第十一句呢？

生：愿逐月华流照君。

师：第十二句呢？

生：江潭落月复西斜。

师：第十三句呢？

生：斜月沉沉藏海雾。

师：第十四句呢？

生：不知乘月几人归。

师：第十五句呢？

生：落月摇情满江树。

师：就这15处吧？"夜"的呢？这位同学，有几句啊？

生：两句。

师：就两句吗？第一句是？

生：谁家今夜扁舟子。

师：第二句是？

生：昨夜闲潭梦落花。

（师在诗题"月"下板书：15；在"夜"下板书：2。）

师：加上数字以后，再看题目，你能发现这首诗有哪些特点？

生：意象"江"和"月"最多。

师："江"和"月"多，如果考试这个题目3分的话，你的回答最多得1分。什么多，什么少，没有体现你的思考。"江"很多，"月"很多，这个答案是从哪里来的？是从这两个数字得来的。学语文应该用语文的思维思考问题，用语文的方法解决问题。你能说说由此可以看出哪些特点吗？

（学生沉默，思考。）

师：现在来看这两个多的意象，哪一个更多呢？

生：月。

师：对，"月"更多，它在全诗中起到什么作用？

生：全诗以写月为主，月是最主要的意象。

师：对，在这些意象群中，两个主要的意象是"江"和"月"，这就是张若虚这首诗一个很明显的特点。古诗里写月亮的太多了，相信同学们能背诵一大串。但是张若虚写的是哪个月亮啊？

生：江上的月亮。

师：对，江上的月亮，江中的月亮，江边看的月亮。我们读诗也罢，读文也好，一定要捕捉到它特别的地方。月亮不仅是一个核心的意象，更重要的还是全诗的主线，它串联、贯穿了全诗。下面我们来看，这首诗是如何在多个意象中以"月"为主线、以"月"为主体的？张若虚看到了一轮什么样的月亮，他心中又有一轮什么样的月亮？写"月"的第一句是哪一句？

生：春江潮水连海平。

师：春江潮水连海平。春江连着海，江越来越宽。（边说诗句，边在黑板上从左到右画江流入海的简笔画）第二句是什么呢？

生：海上明月共潮生。

师：海上明月共潮生。这轮月亮画在哪里呢？是在海面上，还是在海的上空呢？春江潮水连海平，海上明月共潮生，是在海面上"生"，还是在海的上空"生"呢？（边说诗句，边在黑板上的海面和空中画月亮）认为在海的上空"生"的举手？（没人举手）这个问题很关键。大家注意"海上明月共潮生"，是什么"shēng"啊？

生：（齐声）共潮生。

师：这等于没有回答。是在海面上"生"，还是在海的上空上"升"呢？

生：（齐声）共潮生——是在海上生。

师：我不知道你们说的是哪个"shēng"。如果是在海面上"生"，是明月从大海的怀抱里诞生了（板书"生"）；如果是在海的上空，就变成这个"升"（板书"升"）了。我们再读一下这两句诗。

生：（齐读）春江潮水连海平，海上明月共潮生。

师：一轮明月从海面上"生"出来。"滟滟随波千万里，何处春江无月明。"刚才我们看到的是一轮"初生之月"，月光洒遍大江上下、大江南北。

（板书：初生之月。）

师：这是黄老师看到的月亮，你们读读后面的诗句，还能看到什么月亮？哪个同学说一说：你从哪些诗句看到了什么样的月亮？

生：一轮被打碎了的月亮。

师：你从哪里看出月亮被打碎了？

生：滟滟随波千万里，何处春江无月明。波光潋滟，月光洒在水面上，水面显得波光粼粼，所以月亮是被打碎了。

师：这位同学体会得很细。月光、水面、波光粼粼，正是体现了照耀的月光。但月亮没有碎，只是月光洒在江面上，其实这是一轮"朗照之月"，静影沉璧，浮光跃金。

（板书：朗照之月。）

师：下面再看，"江流宛转绕芳甸，月照花林皆似霰。空里流霜不觉飞，汀上白沙看不见"，这四句还是在写"朗照之月"吧，到处都是月光。"江天一色无纤尘，皎皎空中孤月轮。江畔何人初见月，江月何年初照人。"从这几句中，你们看到了什么样的月亮？

生：孤月。

师：读诗概括理解最简单的办法是从诗里找关键词。如果请你在"孤月"前边加一个修饰词，加什么比较好？

生：皎皎。

师：皎皎孤月。

（板书：皎皎孤月。）

师：这是最简单的方法，从诗中概括。有没有同学不同意这个概括的？

生：我觉得它是一轮永恒的孤月。

师：你怎么看出"永恒"了？

生："江畔何人初见月，江月何年初照人。"没有人知道它是从什么时候开始普照大地的，也没有人知道它是从什么时候开始照人的。

师：非常好，这就是冷静的思考、有深度的思考。接下来，我们一起读：江畔何人初见月，江月何年初照人。人生代代无穷已，江月年年只相似。后面还有没有了？还有，不知江月待何人，但见长江送流水。

（板书：永恒之月。）

师：看到皎皎之月是比较感性的人，看到背后永恒之月的人是有哲学思考的人。现在，有两个是这样的人，一个是张若虚，一个是刚才回答问题的那个同学。你们从后面的诗句中看到了什么样的月亮？

(教师读下列诗句,学生跟读)白云一片去悠悠,青枫浦上不胜愁。谁家今夜扁舟子,何处相思明月楼?可怜楼上月徘徊,应照离人妆镜台。

师:在这里我们看到了什么样的月亮?

生:相思之月。

师:中国古诗里有无数的诗在写这一轮相思之月,李白的"床前明月光"是思念故乡的,苏轼的"明月几时有"是思念弟弟的……写相思的月太多了。

(板书:相思之月。)

师:你们觉得诗中哪些句子是写相思之月呢?"相思之月"还可以概括成什么?

生:愁月。

师:相思肯定就是"愁"。诗里哪个句子、哪个词语表现出相思的情绪、相思的愁啊?

生:徘徊。

师:对,也可以用"徘徊之月"来概括。

(板书:徘徊之月。)

师:月亮在空中徘徊,表现了相思的缠绵和惆怅。那么,哪两句最能体现相思徘徊呢?我们还要和具体的诗句相勾连。

生:可怜楼上月徘徊,应照离人妆镜台。

师:对。注意这个"可怜"和今天的"可怜"意思相不相同?这个"可怜"是什么意思?

生:可爱。

师:是的,可爱、美丽。这个月亮太可爱了,太理解人的心了,想去又舍不得离开。"离人"是什么意思?

生:离开的人。

师:有不同的理解吗?

生:分离的人。

师:对的。一般说"离人"是指离开的人,这里指的是双方,指离开家的人和在家思念离家的人的人。那这里的"离人"是男的还是女的?

生:女的。

师:有没有男的?没有男的吗?大家都是同样的理解吗?我们举手表决,认为这个"离人"单指女人的请举手!(几个人举手)

师:认为单指男人的请举手!(几个人举手)

师:认为既指男人又指女人的请举手!(几个人举手)

师:这让黄老师有点失望。我前面已经说过,这个"离人"一般是指漂泊在外的人,但是常常——包括这首诗——既指漂泊在外的人,又指在家里思念着漂泊在外的人的人。再来表决一次,单指女人的请举手?(无人举手)认为单指男人的请举手?(无人举手)认为既指男人又指女人的请举手。(学生举手)

师:嗯,这还差不多。(学生笑)你们想一想,过去女的会不会在外漂泊啊?(学生:不会)过去漂泊在外的都是男人,为功名,为名利。那么,"相思之月"还体现在哪里?哪些诗句最典型呢?

生:谁家今夜扁舟子,何处相思明月楼。

师:谁家今夜扁舟子,何处相思明月楼。这里的"扁舟子"指的是男的还是女的?

生:男的。

师:扁舟子在江上的小船上,他在干什么呢?(在黑板上画舟和人的简笔画)

生:看月亮。

师:看月亮是假,其实是在干什么?

生:思念。

师:想人,想哪个人?

生:家人。

师:家里的人在哪里?用诗句回答。

生:明月楼。

师:对,在明月楼上,在妆镜台前。(在黑板上画明月楼、妆镜台的简笔画）也就是说，远离江边的地方有一座明月楼，明月楼上有一个妆镜台，妆镜台前有一位美丽、可爱的女子。这个女子在干什么？

生：看月亮。

师：看月亮也是假的，实际上是在干什么？

生：想人。

师：古人的相思多么浪漫。我们今天有了手机，有了微信，很方便，但是破坏了相思的诗情画意。我在扁舟上看着月亮，你在家里明月楼的妆镜台前看着月亮，这个时候月亮成为情感的中转站。所以，古人相思，我看月亮，你也看月亮，我们的心是连在一起的。（在黑板上用线条连接月亮和舟子，月亮和明月楼、妆镜台）什么叫浪漫？这就叫浪漫。更浪漫的，后面的诗中也讲了：此时相望不相闻。是什么意思呢？我看着月亮，你看着月亮，我们相互看着，但是听得到吗？

生：听不到。

师：更浪漫的是哪一句？

生：愿逐月华流照君。

师：它浪漫在哪里？愿逐月华流照君，月华是什么？（生：月光）。我愿意随着月光照到你的身上。请同学用浪漫的语言描述一下这个诗句。

生：我愿意乘坐月光的飞船飞到你身边。

师：是浪漫，但现代色彩太浓了。

生：我愿意和皎皎的月光一起洒到你身上。

生：我愿意成为皎皎的月光照到你身上。

师：都很浪漫。这个"君"是指男的还是女的？

生：女的。

师：啊？是女的、男的？还是都有？

生：都有。

师：还有同学犹豫不决。如果只有一个，就是……

生：单相思。

（学生笑。）

师：单相思，说得非常好。不仅是单相思，而且他们的爱情是不对称、不美丽的。请记住：不对称的爱情是不美丽的。你们懂了吧？我在这里看着月亮，愿意像月光一样照在你的身上，你也愿意像月光一样，照在我的身上。这是多么美丽的浪漫，多么美丽的相思。好了，这后面还看到了什么样的月亮？"昨夜闲潭梦落花，可怜春半不还家。江水流春去欲尽，江潭落月复西斜。"这是什么样的月亮？

生：落月。

师：什么样的落月呢？修饰一下。

生：西斜。

师：对，"西斜落月"。（板书：西斜落月）有没有哪个同学想到更有诗意，更能把握诗的意境的一点？教师读诗句（学生跟读）："斜月沉沉藏海雾，碣石潇湘无限路。不知乘月几人归，落月摇情满江树。"有没有同学想到更好的？"西斜之月"是一种概括，还有没有其他概括？

生：摇情落月。（师板书：摇情落月）

师："摇情落月"，有没有同学还有更好的回答？我觉得还有更好的，"斜月沉沉"，我们可以把它倒过来。

生：沉沉斜月。（师板书：沈沈斜月）

师：请大家注意，黄老师能不能写成这个"沉"？（生：可以）可以，好不好？

生：不好。

师：对，写"沉"不好，（板书"沉"，加叉）应该写这个"沈"好。古汉语里，"沉"和"沈"是相通的，写这个"沈"显得有文化。那么，这三种概括，是"西斜落月"好，"摇情落月"好，还是"沈沈落月"好呢？

生："沈沈落月"好。

师："沈沈"更有感觉，能把月亮升落变化带给人的感觉表现出来。有没有不同意见啊？春半落月，强调的是时间；西斜落月，强调的是形态；沈沈落月，强调的是感受。对吧？黄老师觉得哪个好，你们知道不？

生：摇情落月。

师：知音呀。（师板书圈出"摇情落月"）为什么"摇情"好？我们看最后一句。什么叫诗，最后一句是最典型的诗化语言。落月摇情满江树，你想一想，摇的是什么？

生：情。

师：谁在摇？

生：月亮。

师：月亮会摇吗？

生：不会。

师：摇什么呢？

生：情。

师：实际上摇的是什么呢？

生：树。

师：大家想象一下，美丽的月亮摇动着江边的树，江边的树摇动着美丽的月光，把月亮的影子洒在江面上。月影之中，月光之中，树的摇动之中，都充满丰富的感情。所以，我觉得最后一个月亮概括为"摇情落月"更好。"落月摇情"最有诗意。概括诗，还是有诗意最好。

大家看，从初生之月到朗朗之月再到皎皎孤月，从永恒之月、哲思之月再到相思之月、徘徊之月，再到沈沈落月、摇情落月，可见这首诗的意象群是以月亮为主体、主线的。大家能由此发现张若虚的月亮和其他诗人的月亮不同在哪里吗？

（生无反应。）

师：我们先想一想自己熟悉的写月亮的诗句。李白的？

生：床前明月光，疑是地上霜。

师：张九龄的，海上生明月——

生：天涯共此时。

师：苏轼的，明月几时有——

生：把酒问青天。

师：春风又绿江南岸——

生：明月何时照我还。

师：大家发现这些诗句中的月亮和张若虚的月亮不同在哪里了吗？

生：张若虚的月亮是变化的，一直在动。

师：是的。其他诗人的月亮都是定格的，张若虚写的是一个穿越时空的月亮，是一个动态的月亮。（在黑板上用线条连接几轮月亮）大家概括一下，是写月亮的——

生：（异口同声）月亮的升落。

师：对了，非常好，是以月升月落为主线，串联全诗。（板书：月升月落）全诗以月升月落为主线，其他的意象在全诗中又是如何呈现的呢？是不是也贯穿始终呢？

生：（齐声）是。

师：好的。那么，请你们仿照"月升月落"概括写春的是——？

生：春来春去。（师板书：春来春去）

师：哪一句写"春来"呢？

生：春江潮水连海平。

师：春潮涌动告诉我们：春天来了。怎么写春去的？

生：江水流春去欲尽。

师："江水流春去欲尽"告诉我们：春去了。"江"呢？

生：潮起潮落。（师板书：潮起潮落）

师：但是我觉得还可以换一种说法。"春江潮水连海平"，江水从西边下来，一路向东流，还回不回来啊？

生：不回来。

师：江水东逝。"花"呢？

生：花开花落。（师板书：花开花落）

师：哪一句是写花开？

生：月照花林皆似霰。

师：江流宛转绕芳甸，"芳甸"的"芳"是什么？

生：花。

师:"芳甸"的"芳"就是花,而且还不是一点点花,是一片花。"月照花林"也是。这些都告诉我们,春天的花开得很盛。这是写什么?

生:花开花谢。(师板书:花开花谢)

师:我觉得还可以说"花盛花谢",因为写的是一片花。后面该是"夜"了,夜什么?

生:夜……夜……

师:写"夜"的有几个句子?

生:两个。

师:第一个句子在哪里?

生:谁家今夜扁舟子。

师:这是写月亮引起了相思。后面呢?

生:昨夜闲潭梦落花。

师:"昨夜闲潭梦落花",这两句是直接写夜的。诗中有很多句子间接写了夜,第一次写夜的是哪个句子?

生:海上明月共潮生。

师:对呀,这是写夜降临了。落月摇情满江树呢?

生:是写夜尽了。

师:嗯,非常好,夜临夜尽。当我们这样概括的时候,同学们有没有发现这首诗又有一个新的特点?

生:是按照时间顺序来写的。

师:嗯,时间顺序。哪位同学还有新的发现吗?全诗是以月为主线、按照时间顺序组织结构的。其他同学,要在这个基础上发现新的思考角度。

生:这些意象出现的时间是不一样的。

师:嗯,有的时间长,有的时间短。又有一位同学有新发现了,其他同学呢?大家看看这首诗是不是一条线?

生:(异口同声)不是。

师:对,它以月升月落、潮涨潮去、花开花落、春来春尽、夜临夜尽五条线索串联全诗,是五线串联。(板书:五线串联)那我们怎样画这五条线？是平行线吗？

生：（异口同声）不是。

师：对。千万不能画成平行线，只能画成五条交叉的曲线。（在黑板上画五条交叉的曲线）因为这个波动是在意象中体现了情感的变化。一开始看到初生之月时，情绪是饱满，甚至高亢的；看到天上一轮孤月时，情感是怎么样的？是相思的、惆怅的；最后落月沈沈时，他的情绪是什么样的？是失落的、沉重的、低迷的。这五条线是互相交叉的。为什么？因为这五个意象是互相融合的，我中有你，你中有我。你们能说说五个意象是如何融合的吗？

生：写月就是写夜。

师：是的。月和夜是融为一体的。还有吗？

生：月和江也是融为一体的。月亮从江中升起，诗人在江边看月，月光又洒照在江上。

师：是的。这也可以看出全诗是以月为主要意象的。可以说，这首诗的意象群的所有意象都是高度融合的。所以，这首诗的意象是丰富的，线索是五线串联，情感也是特别丰沛的，不是单一的情感、单一的相思，有生命之思、宇宙之思，还有男女的相思。（板书：情感丰沛）

师：而且，它是打破时空、穿越时空的。这些线索，有的是时间的，有的是空间的。（板书：穿越时空）张若虚的月亮是穿越时空的月亮，你能找出一首写这样的月的古诗吗？不能。李白写了很多有关月亮的诗，写的都是一个点的，某个空间、某个时间的。

师：好的，我们刚才抓住五个意象来解读这首诗，欣赏这首诗。现在，大家回顾全诗，有没有哪些诗句中没有出现这五个意象，跟这五个意象关联不大的呢？就是说，在这些诗句中，是找不到这五个字的，有没有呢？第一句是哪一个？

生：滟滟随波千万里。

师：这里面没有这五个字，但是它和这五个字有没有关系？

生：有。

师：它是在写什么？

生：江、月光。

师：它是写江面的波光粼粼，月光很好。其他还有哪些诗句呢？

生：空里流霜不觉飞，汀上白沙看不见。

师：这一句和五个意象是什么关系？

生：也是写月光。

师：是写月光皎洁，照在沙汀上。还有一句诗里也没有直接写到这五个意象，其实也是写月光的。是哪一句？

生：鸿雁长飞光不度，鱼龙潜跃水成文。

师：是的。这两句也是写月光。前一句写月光无边，后一句写月光清澈，暗含说明鱼雁都不能传送相思之情，很惆怅。有一句诗里既没有直接写到五个意象，也不是写月光的，是哪一句？它有什么作用呢？

生：白云一片去悠悠，青枫浦上不胜愁。

师：这两句和五个意象有没有关联？（生：没有）没有？它在全诗中可不可以去掉？（生无言）

师：那就换一个角度，它在全诗中有什么样的作用？

生：过渡。

师：这个概念大家都会用，我要你们具体地说它是如何过渡的？

生：承上启下。

师：说一个概念是比较容易的。承上启下，承上的是什么内容，承上面的哪一句呢？启下，又启下面的哪一句呢？

生：白云一片去悠悠，青枫浦上不胜愁。

师：哪个意象承上，又承上哪个内容呢？

（学生沉默。）

师：哇，同学们，考试的时候分数就是这样被扣掉了。把老师教给你们的一个现成概念写上去，还要结合具体诗句进行分析呀。刚才这位同学也说是过渡，你觉得是如何承上的呢？

生：我觉得承接"但见长江送流水"。

师：但见长江送流水，和哪个意象有关联？

生：长江送流水，流水是悠悠流走，和白云飘走是有关联的。

师：他认为白云去悠悠和流水的流去有关联，这个说法就更具体了。有没有同学还有不同的理解的？这位同学关注的点是有关联的，不过是遥相呼应。一般我们写云的时候和什么有关系？

生：和月。

师：所以有个说法叫"烘云托月"。哪位同学说说"青枫浦上不胜愁"这个句子的过渡作用体现在哪？你们说哪一个关键的字眼在这里体现了承上启下的作用？

生：（异口同声）愁。

师："青枫浦上不胜愁"，首先照应了上面的愁，是什么愁？

生：时间短暂。

师：对，人生短暂。具体是哪个句子呢？读一读看。

生：人生代代无穷已，江月年年只相似。

师：这个地方告诉我们月亮是——

生：永恒的。

师：人生是——

生：短暂的。

师：所以，这里说的是人生之愁，宇宙之思。（板书：人生之愁，宇宙之思）

师：但是，这句诗就有这一种意思吗？再来看这句诗，"人生代代无穷已，江月年年只相似"，是不是人就没有江月那么永恒啊？不是的，人生代代无穷已啊！作者有没有说人生之短的愁？

生：（齐声）有。

师：对，这就是高明。张若虚与一般人愁苦的思考不一样，一般人会说："啊，宇宙是永恒的，人生很短！"张若虚却说："对个体而言，人生是短暂的；可我们一代一代人接下来是无限的、无穷已的。"江月是永恒的，因为它看上去是相似的形态，但是这种自我排解依然排除不了生命个体的短暂。那么，这个"愁"启下启的是什么愁呢？

生：相思。

师：相思之愁，所以"月徘徊"写的就是相思的愁。于是我们可以说承前的愁是"天上"，启后的愁是——

生：人间。

（师板书：天上人间。）

师：这样我们更能体会到张若虚的诗是如何穿越时空的。这是所有唐诗都无可比拟的。所以诗人闻一多说：这首诗是诗中之诗，巅峰上的巅峰。古人认为张若虚的这首诗把全唐所有人的诗压了下去，没有人比得了。刚才我们抓住五个意象读了全诗，感受了张若虚心中的那一轮月亮。现在大家能不能说一说，在你们心目中，张若虚的那轮月亮是什么样的呢？张氏之月是什么月亮呢？

（板书：张氏之月。）

生：非常美好。

师：他认为是一轮美好无比的月亮。（板书：美好）有没有同学有不同的理解？你呢？

生：皎洁。

师：她认为是一轮皎洁的月亮。皎洁是美好的一种，美在哪里呢？皎洁。一轮皎洁无比的月亮，江天一色无纤尘，很纯洁，一点杂念都没有。这仍然是从一个角度描述的，最好换一个角度，不要重复别人的。

生：永恒。

师：非常好，他认为是一轮永恒之月。有没有同学还有其他理解和感受？

生：多情的月亮。

师：仁者见仁，智者见智。（学生笑）你看到了什么样的月亮？

生：我刚好和她相反。

师：相反？你俩还坐在一起。是无情的月亮？

生：嗯，是无情的月亮。

师：你从哪里看出是无情的月亮？说出一个诗句。

生：玉户帘中卷不去，捣衣砧上拂还来。

师：这两句是不是在写月亮无情？认为是的请举手。（无人举手）这两句诗是写月亮无情吗？月亮照在我的捣衣砧上。我捣衣，月亮照过来，我说你不要来了，来了让我想他，让我太痛苦了。你走吧。月亮走不走？

生：不走。

师：叫她（它）走，她（它）不走。这是在说月亮无情吗？这是在写月亮的多情。当然，你说她（它）来了，我太烦了，太痛苦了。以月亮之无情，写人的有情。我觉得也是有道理的。还有同学看到不一样的月亮了吗？

生：悲伤。

师：说悲伤之月可以。没有标准答案，只要有道理，都可以。我们已经说过，张若虚这首诗的特点就在于一个字，什么字啊？

生：丰。

师：丰富的意象，丰富的线索，丰富的感情，在每个读者心目中留下了不同的月亮，也是正常的。永恒是一种美好，多情也是一种美好，这个同学的无情也是一种美好。所以，我们用两个词来形容张若虚的月亮留给我们的印象：美丽、惆怅。回过头来还说"丰"吧。当我们走进唐诗之门时，第一选择就是欣赏《春江花月夜》。而《春江花月夜》让我们感受到了唐诗的一个特点，就是"丰"。如果让你们组词，能组出多少个含有"丰"的词语？

生：丰富。

师：还有呢？

生：丰满、丰沛。

师：还有吗？

生：丰盛。

师：还有吗？

生：丰收。

师：还有吗？

生：丰美、丰腴。

师：丰美，还有丰腴。还有吗？

生：丰盈。

师：还有吗？基本上举完了，还有一个"丰赡"，有没有听说过？

生：（摇头，异口同声）没有。

师：现在让你选一个最能概括这首诗风格的词，你选"丰"什么？

生：丰富。

师：丰富？看来大家意见还是不一样。选择"丰美"的举手不多，选择"丰满"的也不多，选择"丰盛""丰收""丰盈""丰腴"的呢？

（生无言。）

师：如果让黄老师选，黄老师一定选"丰腴"。为什么呢？这个词语是用来形容什么人？

生：女人。

师：什么样的女人？

生：比较胖的。

师：想一想，唐代代表性的最美的女人是谁？

生：（异口同声）杨贵妃。

师：反过来想，唐代的人为什么认为杨贵妃最美啊？丰腴不是形容女人的胖，而是形容女人胖得非常美——就是杨贵妃。

唐诗雄奇、博大，但是最初的一个风格就是丰腴，让你联想到杨贵妃。读《春江花月夜》，就应该联想到杨贵妃。一首好诗，一天是读不完的。今天，我们抓住这样一个字，从这样一个角度，领略了这首诗的风采。

谢谢同学们，下课！

第五课

戏 剧 教 学

我的说法

戏剧教学的"入戏"与"出戏"

戏剧是一种综合的舞台艺术,它借助文学、声光、舞美等艺术手段塑造舞台艺术形象,揭示社会矛盾,反映现实生活。高中课堂上讲授的戏剧,与舞台表演的戏剧有很大的区别,准确地说,课堂教学中的"戏剧"指的是"戏剧文学"。戏剧文学指的是戏剧剧本,它是舞台演出的基础,是戏剧的主要组成部分。

戏剧文学具有两重性:一方面,作为文学作品,它具备一般叙事性文学具有的共同特征,诸如塑造典型形象、揭示深刻主题及结构的完整性等特点,具有独立的文学欣赏价值;另一方面,作为戏剧演出的底本,它只有通过演出才能体现全部价值,因此要受到舞台演出的制约,必须符合舞台艺术的要求。

1. 戏剧教学无"戏"可看的窘境

戏剧教学当遵从戏剧文学的体式特征,发挥它独特的教学价值。戏剧文学可以拓展学生的阅读兴趣,丰富及深化学生对社会和人生的认识,提高学生的文学修养等,它具有文学、美学等多方面的价值。然而,在实际教学中,老师对这一板块的教学非常不重视,或者教学策略上有很大的问题,使得戏剧教学面临"有名无实"的困境。具体表现在以下四个方面:

一是戏剧教学边缘化。高中语文教学很大程度上是围绕着高考"指挥棒"在转，高考经常考查的知识点就重点教，高考很少考查的就少教，高考不考的，现实中就少教甚至不教了。戏剧的内容在大多数高考考纲中被放在现代文阅读部分，隶属文学类文本的考查范围。例如，在江苏卷高考考纲中表述为"阅读鉴赏文学文本，文学文本包括小说、散文、诗歌、戏剧等。考查材料以散文、小说为主，也可以选择合适的诗歌或戏剧作品"。在江苏这么多年的自主命题中，必考部分根本没考过戏剧的阅读鉴赏，只是在文科附加卷中偶有涉及戏剧的名著简答题，全国卷及其他省份的试卷也是如此。这一考试取向投射到教学中，以致许多教师将戏剧教学边缘化，对教材中的戏剧类文本采用少教甚至不教的方式来处理。

这种边缘化的处理不只是体现在日常教学中，即使在教材编排上，我们也能看出一二。教材中的戏剧类篇目少之又少。例如，苏教版五册必修教材中，戏剧类作品只有四篇。作为必修教材补充的选修教材虽有《中外戏剧名著选读》，而征订这本选修教材的学校可谓少之又少。总之，在高中语文中，戏剧教学往往处于边缘化的状态。

二是教学手段简单化。教者由于对戏剧教学存在认识偏差，所以教学手段显得简单粗暴，很难精心选择。有的教师不顾戏剧文学的特殊性，重在让学生了解情节，以为了解了剧情就学习了戏剧。教学戏剧文学时，没有对戏剧语言的充分阅读与赏析，只是了解故事情节，这样是没有办法走进戏剧、理解人物、把握主题的。

更为严重的是，有些老师把戏剧文学的教学等同于"看戏"。课堂的主要任务完全演变成"看戏"，不去研读文本，而是用大量的视频、音频、图画将学生从文本中剥离，变成纯粹的"看客"，用观看视频来代替文本学习。戏剧教学不是播放几部视频就能解决问题的，不能在学生还没有认真研读课文的前提下就直接将视频播放给学生，否则只会削弱学生的想象力和感悟力，仅仅依赖感官刺激，从而丢掉语文味儿，不能引导学生更好地对文本进行钻研与感悟。多媒体手段应当成为阅读文本的辅助手段，只有在学生对文本有了深入的理解和感悟后，才能适当穿插，以便学生加深对文本的理解，更好地感受戏剧文学最终的舞台呈现方式。

也有老师选择看似热闹的课堂表演方式，用"演戏"来代替"读戏"，在学生对文本尚处于似懂非懂、一知半解的情况下，就抛开课本让学生进行戏剧表演。这样看似凸显了学生的主体性，但实际上是对戏剧文学的一种极大戕害，既无法引导所有同学深入研读文本，又极有可能放大对文本的误读，甚至将课堂变成荒诞的娱乐闹剧。鉴赏戏剧文学不能只图表面的热闹，最重要的是深入阅读文本，从而品味戏剧语言，提升学生对语言的建构与运用能力。

三是文本分析"去戏剧化"。戏剧作为一种文学样式，我们在学习戏剧文学时，对文本的仔细而深入研读是必不可少的。通过对戏剧文本的研读，学生可以与作者交流，与作品中的人物对话，与作品沟通，并凭着自身所处的环境与时代特征、审美趣味、直觉经验，追寻作品的原初意义，寻找契合点，产生情感共振；同时，还可以再创造，读出作品的言外之意，理解意外之象，提高阅读欣赏水平，培养文学美感，丰富自身的人生体验。

然而，当前高中语文戏剧教学"去戏剧化"倾向较为普遍。所谓"去戏剧化"，实质上是指在教学方法的选用上未能契合戏剧文体的特点，致使在戏剧文本教学内容的设计上有缺失或偏离。在教学中缺少应有的体式特点，教学就无法凸显戏剧文学的文体特征，更难以展现戏剧独有的教学价值。

王荣生教授说过这样一个教学案例：教学《雷雨》时，老师课前布置学生预习课文，并思考"周朴园是个什么样的人"。课堂上请同学们谈"你认为周朴园是个什么样的人"。同学们分成两派：一派认为是好人，因为他有善良的一面；一派认为凶残，也找到了相应的细节。两派学生都将找到的细节写在黑板上，然后争论。王教授认为，这堂课老师用的是辩论的教学方法，而不是读剧本的方法。我们要清楚《雷雨》是一个现实主义剧本，塑造的周朴园是一个现实主义原型的复杂人物，不能用好坏切分他。[1]

四是教学内容知识化。在高中的许多戏剧课堂上，教者将戏剧教学的内容窄化为传授戏剧知识，似乎是通过一两篇戏剧文本的阅读，让学生对戏剧的文体知识有一些了解，就算完成了戏剧教学。即对戏剧文学的人物形象、

---

[1] 王荣生. 阅读教学教什么［M］. 上海：华东师范大学出版社，2016.

主题等进行标签化、结论化的传授，让学生去记忆，以便考试时对号入座，将文本理解完全变成知识的记忆。例如，学习《窦娥冤》的时候，教者拓展了大量的戏曲知识，诸如元曲的发展、元曲的分类、元曲四大家、元曲的角色乃至京剧的知识等，唯独忽略了对文本的深入解读。学习《雷雨》时，只是让学生了解和记忆大量关于话剧的知识，如三一律、现代话剧的发展、作家作品及其成就以及剧中人物代表性等，也没有对文本的仔细研读。

语文教学不是排斥知识教学，但我们应该清楚与课程相关的知识本身其实不是学生学习和掌握的对象，知识学习是为了帮助学生更好地进行语言的运用与实践，戏剧知识的学习应服务于戏剧文本的阅读与理解。如果只是戏剧知识的教学，而没有对戏剧文本的深入研读，可以说是舍本逐末、买椟还珠之举。

2. 戏剧教学要有"戏"

实现戏剧教学的价值，当从"入戏"与"出戏"中寻求突破。所谓"入戏"，就是尊重戏剧文学的文本特征，认真研读文本，将"戏"读透；所谓"出戏"，是指在教学认知、教学手法等上基于文本阅读又能跳出文本。戏剧教学可以说是在"入戏"与"出戏"的过程中实现它的多重价值。

陈瘦竹教授在《文学和戏剧》一文中，将戏剧文学与其他的文学样式作了充分的比较。他说："古今剧作家经常将诗歌或小说改编成为剧本，这些事实说明两方面的问题，那就是文学和戏剧既有联系，又有区别。任何戏剧都必须由演员在舞台上将生活中的某种矛盾冲突的发展过程及其规律演给观众看，唱给观众听，所以我们说没有冲突就没有戏剧。剧作家为演出而写作，所以不同于诗人或小说家，在写作时必须像李笠翁所说，设身处地，既以口代优人，复以耳当听者，手则据管，口却登场，全以身代梨园，复以神魂四绕。"[①]

从中可以看出戏剧具有独特的体式特征。阅读其实是一种体式思维，阅

---

① 陈瘦竹. 陈瘦竹戏剧论集[M]. 南京：江苏教育出版社，1999.

读能力是具体的，和阅读对象相关联。不同的阅读对象，其阅读策略应该是不同的。戏剧文本教学要让学生"入戏"，也就是要尊重戏剧文学的体式特征，从其特征入手，深入理解文本内涵。从严格意义上说，高中的戏剧教学实际是戏剧文学的教学，课堂教授的主体对象是剧本而不是最终的舞台艺术，应该将文本理解作为戏剧教学的主要目标。这要求我们将文本阅读放在首位，做到"入戏"，根据戏剧文本的特殊性来读文本。"入戏"要做好以下三方面的工作。

首先，通过聚焦戏剧冲突，洞察复杂世界。

著名作家老舍说过："戏剧的撰写，最先做的是找出矛盾点，矛盾越激烈，情节就越精彩，越吸引人，戏剧就越成功。"戏剧教学当依道而行，让学生从跌宕起伏的情节冲突中欣赏戏剧的精彩。戏剧冲突是指表现人与人之间矛盾关系和人的内心矛盾的特殊艺术形式。我们不仅可以抓住戏剧冲突来解读戏剧文本，也要清楚戏剧冲突是生活矛盾的集中体现，是剧作家对生活的加工与提纯。我们要能让学生聚焦戏剧冲突的分析，洞察作品背后复杂的真实世界，了解剧本背后的社会生活，这是"入戏"的应有内涵之一。

例如，特级教师王岱在教学《雷雨》时，是这样开始的：

请一个同学复述《雷雨》的剧情，学生、教师补充。（略）
展示PPT简介曹禺。（略）
展示主要人物关系PPT。
师：大家看一看他们有什么关系？能讲清楚吗？我一点这个鼠标，你会大吃一惊。（点鼠标）什么啊？

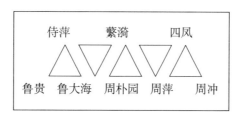

生：三角恋。
师：几个三角？

生：五个。

师：嗯，五个三角。相对来说，同学们文学作品读得比较多，最起码看了不少肥皂剧，对吧？你知道肥皂剧最重要的是靠什么来演绎吗？

生：爱情。

师：对，靠爱情。有的同学说靠三角关系进行演绎。一般情况下，二流作家写一个三角就会写得精疲力尽，你看看曹禺，八个人竟构成五组三角，还写得那么如鱼得水，可见他的笔力，不服不行。至今还没看到写五组三角能写得这么漂亮的人。大家想一想，为什么文学作品要去写爱情？

……

王老师巧妙地运用《雷雨》的多重戏剧冲突，一下子抓住文本探究的核心，激发学生的学习兴趣。正如郑桂华教授在该课实录之后的点评中所说："我们很容易发现王老师对话剧剧本阅读基本知识的自觉落实。譬如对'戏剧冲突'知识的运用。她从学生熟悉的生活表达'纠结'，引出专业表达'戏剧冲突'，再回到熟语表达'戏'，让学生很快理解戏剧冲突的内涵、特点与价值，为把握课文（《雷雨》节选部分）的戏剧冲突搭建了很好的概念支架。随后，是比较两场戏的矛盾冲突，体会好的矛盾冲突的特点，这也反过来促进了学生对'戏剧冲突'的理解。"[①]

学生聚焦了《雷雨》的多重冲突之后，可以较为简省而快捷地把握戏剧的基本内容，不只是认识到周、鲁两家的冲突与生活，更清楚剧本虽然从性爱血缘关系的角度写了一出家庭悲剧，但客观上也反映出中国半封建半殖民地社会的某些侧面，即充满不义和邪恶的旧家庭是整个旧社会、旧制度的缩影，更好地看清了当时复杂的社会。

其次，通过品味戏剧语言，走进人物内心。

戏剧语言包括舞台说明和人物语言。舞台说明是一种叙述性语言，是帮助导演和演员掌握剧情，为演出作提示的一些注意之类的相关说明。说明的内容有关于时间、地点、人物、布景的，有关于登场人物的动作、表情的，

---

① 王岱.我这样教《雷雨》[J].语文教学通讯（高中刊），2017（11）.

有关于登场人物上场、下场的，有关于"效果"的，有关于开幕、闭幕的等。对于舞台说明类的戏剧语言，我们不只是将它看作一种舞台提示，对于有些语言，要能透过表象的提示猜测人物的内心活动，读懂人物的内心世界。

例如，《雷雨》第二幕中，周朴园向鲁侍萍打听30年前的事，打听一个姓梅的小姐的事，当鲁侍萍说出"她是个下等人，不很守本分的。听说她跟那时周公馆的少爷有点不清白，生了两个儿子……在年三十夜里投河死的"时，出现了一句舞台说明，提示周朴园是"汗涔涔地"，由此可以读出周朴园内心的紧张、歉疚，也说明他深知自己的过错与罪孽。抓住这样的舞台说明，可以更好地帮助我们走进人物内心。

戏剧语言中最重要的是人物语言，人物语言也叫台词，包括对话、独白、旁白等。台词是性格化的，是富有动作性的，即人物的语言是同他的行动联系在一起的。阅读戏剧文学，品味人物语言是第一位的。对人物语言的解读，要注意其背后的"潜台词"。唯有读出"潜台词"，才能说是真正读懂了人物的语言，掌握了戏剧语言的"门径"，算是真正地理解了人物，可以有效地避免空对空地给人物贴标签，或者走马观花式地直奔主题。

《雷雨》中，当鲁侍萍说出自己就是当年的侍萍时，周朴园（冷冷地）说："三十年的工夫你还是找到这儿来了。"周朴园的潜台词是，"我早就知道你只要活着，早晚都会找上门来，纠缠我找我算账"。如此一来，我们可以引导学生进一步探讨周朴园对侍萍所谓的"怀念"是多么的虚伪。可以说，周朴园怀念的侍萍是过去的侍萍，怀念的是一个已经固化的情感对象，以及一种固化的情感状态。这种怀念可以让他摆脱罪恶之感，又可以让他穿越现实中情感的荒漠，极好地完善自我形象，自我感觉顿时高尚起来。可以说，30年前的侍萍已成了周朴园自我构筑起来的完美梦境，是不允许现实惊扰的。侍萍的再次出现，击碎了他的梦，这是他所不能容忍的。因此，对这一句潜台词的深入领悟，可以让同学们认清周朴园的本质，更好地把握人物形象。

最后，通过把握戏剧形象，理解戏剧主题。

正如前文所言，可以通过对戏剧语言的解读来把握戏剧人物形象，重点抓住人物语言来分析。如通过周冲对四凤的一句"谢谢"，可以看出周冲是受民主平等思想影响的新人物，是黑暗背景中的一抹亮色。另外，还可以像小说一样通过情节来把握，分析相关情节，帮助我们直观地鉴赏戏剧形象。例如，分析《雷雨》中周冲的形象，只要想到剧本（话剧）中的周冲做了哪些事，就可以对人物的性格、心理、精神、气质等有基本的把握。

对戏剧形象的分析还要注意其矛盾性、复杂性，唤醒学生对剧中人物的多维审美，否则容易陷入标签化的泥淖。例如，对周朴园这一人物形象的解读，一方面要清楚他是资本家的代表，有着资本家的阶级特性；另一方面，又要清楚他作为一个世俗的人，有着喜怒哀乐、爱恨情仇，如此才能更好地读出周朴园的矛盾性和复杂性，理解作品的丰富内涵。

根据戏剧文学本身的特性，对戏剧形象的分析最重要的是把握其典型性。曹禺在《简谈〈雷雨〉》中说："我写《雷雨》有一段酝酿过程……因为我在自己的生活圈子里已经看到了一些像繁漪和周朴园这样的人物。《雷雨》中的每个人物都有真实的影子，但又不是一个人，而是集中了很多人物的特点，再加以我的创造。"可以看出典型化是戏剧创作的必要手段。我们在鉴赏时要尊重这一特点，从戏剧文本中分析人物形象的典型意义。

把握了戏剧形象还不能算是完成了戏剧学习，更要通过形象分析理解戏剧主题。戏剧是对生活的浓缩与聚焦，作者通过戏剧表达自己对社会、人生的一些思考，作为戏剧文学的读者也要能透过戏剧文本读懂戏剧主题，才可以算得上"入戏"，否则无论将文本解读到什么程度，都不能算是"入戏"。一般情况下，一部戏的主题会比较明晰，用一句话就可以概括出来。也就是说，学生学习了戏剧之后，要努力做到用一句话来表达，让他人明白戏里讲的内容。

当然，我们也要看到有些戏剧的主题是多解的。例如，对于《雷雨》的主要矛盾冲突，目前主要有两种观点：一种认为它以代表资产阶级的周朴园与代表下层劳动妇女的侍萍的冲突为主要矛盾，还有一种认为它以周朴园与繁漪的冲突为主要矛盾，基于这两种观点归纳戏剧主题，其见解必然是不同的。我们要清楚这两种观点都有其存在的背景与价值，不必硬贴标签强行统一，关键是要明白这部戏剧以周、鲁两家各个人物的冲突与命运，浓缩了当时的社会，揭示了时代的种种冲突。

3. 戏剧教学还需"戏"外有"戏"

戏剧欣赏中，历来强调"间离效果"一说，也就是要让观众保持与戏剧的距离，让观众弄清戏剧与生活的界限。可以用戏剧来观照生活，但不可将两者混淆，要入得戏，又能出得戏。在欧洲就出现过这样的事件：上演莎士比亚悲剧《奥赛罗》时，一位持枪值勤的士兵看到演出奥赛罗杀死苔丝德蒙娜的场面，竟然举枪向奥赛罗的扮演者开枪；我国也发生过观众在看《白毛女》时向黄世仁射击的事件……这些都是因为观众太入戏了，以至于混淆了戏剧与生活的界限。表演及观戏时固然要有间离效果，读戏时亦然，唯有如此，读者才能更好地由"读戏"而"反观生活""指导人生"。

因此，我们一方面要强调"入戏"，根据戏剧文学特点来教学与学习，如此才能算是抓住了戏剧教学的"牛鼻子"；另一方面，还要强调"出戏"，强调戏剧文学的学习基于文本，又能超越文本，从戏剧出发又能超越戏剧，从戏剧课堂走向更广阔的生活世界。对于"出戏"，可以从以下三个方面去努力。

一是着眼核心素养的培养，挖掘戏剧教学的价值。

《普通高中语文课程标准（2017年版）》中提出"核心素养"这一概念，并指出学科核心素养是学科育人价值的集中体现，是学生通过学科学习而逐步形成的正确价值观、必备品格和关键能力。语文学科核心素养是学生在积极的语言实践活动中积累与构建起来，并在真实的语言运用情境中表现出来的语言能力及其品质，是学生在语文学习中获得的语言知识与语言能力，思维方法与思维品质，情感、态度与价值观的综合体现。语文学科核心素养主要包括"语言建构与运用""思维发展与提升""审美鉴赏与创造""文化传承与理解"四个方面。[1]

由此来看，语文教学当以核心素养的培养为根本目标，戏剧教学也当围绕此根本目标展开。文学阅读的重要目的之一是分享他人的人生经验，丰富自己的人生体验，提升自己的人生境界。戏剧文本作为与小说、诗歌、散文

---

[1] 中华人民共和国教育部.普通高中语文课程标准（2017年版）[S].北京：人民教育出版社，2018.

并驾齐驱的文体，是阅读教学的必修内容，有着独特的教学价值。所以，我们应该清楚地认识到戏剧教学的价值不只是培养学生的戏剧鉴赏能力、语言建构与运用能力等，它还具有提升学生内在精神品质等的功能。我们要重视戏剧教学中的文本研读，让学生沉浸到文本中，倾听文字背后人物的声音，揣摩人物复杂的心灵世界，把自己的心灵世界与剧中人物的心灵世界连接，最终又能超越文本，用文本中获得的人生体验来反观社会与生活，指导自己的人生，用戏剧生活来观照当下的生活，如此方可谓深得戏剧的个中三昧。

例如，《等待戈多》写的是弗拉季米尔和爱斯特拉冈等待着一位身份不明的人物，他们一边等，一边用各种无意义的手段来打发时光，经常显得头脑一片混乱，缺乏思维能力，尤其是极度地惧怕孤独。他们在被告知戈多不来的时候，说是要走，但最后两人却是"站着不动"。《等待戈多》终其一剧，戈多始终不曾出场，却在剧中占着重要地位，两个流浪汉对他的等待构成全剧的中心。当有人询问"戈多代表什么"时，作者贝克特说："我要是知道，早在剧中说出来了。"这样的现代派荒诞剧的主题虽无确解，然而不可否认的是，它提示了现实中人类的迷惘困惑与茫然无措，促使人们对现实生活的深刻反思。戏剧教学只有让学生透过戏剧观照当下，才能说实现了戏剧教学的终极价值。

其实，在实际教学中，有些老师之所以不重视戏剧教学，与其对戏剧学习价值认识的窄化是紧密相关的。因此，我们要在认识上提高对戏剧教学的价值认知，采取切实的措施围绕核心素养的培养展开教学活动。

二是多种文体的比照学习，深化对戏剧文本的理解。

戏剧文学作为一种独立的文学体裁有其独特性，我们在教学过程中要充分尊重它的个性，这是应该的，也是必需的。比较学习不失为一种有效的学习方法，我们将戏剧文学与其他文学体裁的作品进行比照，可以深化对戏剧文本的理解。

戏剧作品与小说的相似点颇多，可以将它和小说联系起来学习。两者都注重形象的塑造，都有人物语言的刻画，然而戏剧又和小说不同，它主要通过富有动作感的人物语言来推动戏剧情节的发展，展现戏剧冲突，塑造人物形象，表现戏剧主题。我们不妨将曹禺的戏剧《家》和巴金的小说《家》进行对比，体会两者语言的特点。

来看曹禺的戏剧《家》中的对话：

鸣凤（苦求） 听我说一两句话吧，（挣扎着）让我再——
觉慧（急促地） 明天吧，都留着明天吧。
鸣凤　明天？

戏剧《家》是对小说《家》的改编，小说在写鸣凤投湖自尽的心理时提到了"明天"，采用鸣凤的内心独白来"讲述"："明天，所有的人都有明天，然而在她的前面却横着一片黑暗，那一片一片接连着一直到无穷的黑暗，在那里是没有明天的。是的，她的生活里是永远没有明天的。明天，小鸟在树枝上唱歌，朝日的阳光染黄树梢，在水面上散布无数明珠的时候，她已经永远闭上眼睛看不见这一切了。"话剧则把原来隐秘的内心活动改编成对话，把小说的"讲述"改编为戏剧的"展示"来表现戏剧冲突和人物命运。两种表达方式放到一处比较，不必多言，学生自能明白戏剧语言的个性特征。

我们还可以将戏剧与诗歌进行比照学习，体会戏剧语言的优美。例如，《长亭送别·正宫·端正好》："碧云天，黄花地，西风紧。北雁南飞。晓来谁染霜林醉？总是离人泪。"可以就其语言本身分析它的美妙，分析其意境的阔大与悲凉，分析"染""醉"用词之妙，分析其景与情的融合等。或提供范仲淹的《苏幕遮》："碧云天，黄叶地。秋色连波，波上寒烟翠。山映斜阳天接水。芳草无情，更在斜阳外"，让学生将两者结合起来学习。学生很快能感受出《长亭送别》曲词的文化底蕴，理解出其中的诗情画意之美、离情别绪之浓。还可以给学生提供李叔同的《送别》歌词："长亭外，古道边，芳草碧连天。晚风拂柳笛声残，夕阳山外山。天之涯，地之角，知交半零落。人生难得是欢聚，唯有别离多……"当这音乐声起的时候，同学们定能思接千载，情通古今，更深切地体会到我们文化的绵长悠远、一脉相承。

再如，学习《罗密欧与朱丽叶》时，学生往往对"阳台会"这一情节中人物的大段独白缺乏赏析的耐心与技法，我们可以指导学生从诗歌欣赏的角度去看，补充莎士比亚十四行诗的相关知识，让学生品味莎士比亚诗化的语言之美，体悟人物情感之浓烈，感受人物对爱情的礼赞与追求。

三是拓展戏剧学习途径，提升戏剧鉴赏能力。

在新课标中贯穿着"加强实践性，促进学生语文学习方式的转变"的理念，它指出语文课程作为一门实践性课程，应着力在语文实践中培养学生的语言文字运用能力，并在学习语言文字运用的过程中促进方法、习惯及情感、态度与价值观的综合发展。同时，也期望在课程标准的指导下，教师有选择地、创造性地实施课程；把握信息时代新特点，积极利用新技术、新手段，建设开放、多样、有序的语文课程体系，使学生语文素养的发展与提升能适应社会进步新形势的需要。

戏剧文学最主要的学习方式是师生在课堂上共同研读戏剧文本，这是毋庸置疑的。然而，仅仅靠这一种方式是远远不够的，我们必须创造性地拓展戏剧学习途径，从而提升学生戏剧鉴赏能力。

一方面，可以综合运用多样化的教学手段全面提升戏剧感受力。我们可以借助多媒体观看视频的方式加深对文本的理解，借助表演的方式来加深对戏剧的体验。我们反对戏剧教学中以"观戏""演戏"来代替"读戏"，并不是反对一切的视频观看与戏剧表演，而是强调恰到好处地运用这两种方式。

如果学生连一场戏都未看过，要想让他热爱戏剧，其难度可想而知。现实生活中，许多学生确实是一场戏都未看过，这样来看，适当的"观戏"也是必要的。直接的、生活的、形象的视觉刺激，更能激活大脑皮层的神经中心，调动思维，形成兴奋中心。在戏剧教学中，如果能够借助多媒体设备以及一些现代化的教学手段和资源，将影像、声音等要素直接而生动地呈现在学生面前，有利于学生增强对戏剧的直接认知。当然，"观戏"不能仅停留在感官感受上，要引导学生将观看的戏剧与学习的戏剧文本进行比照，将文字感悟与视听感受结合起来，获得不一样的阅读和审美体验，进一步加深对文本的理解，提高文字的阅读与鉴赏能力。

戏剧语言的内涵是丰富而复杂的，仅凭文字的阅读与讲解有时是不够的，并不能够让学生真正地走进戏剧，感受戏剧中语言的个性、人物形象的性格特征等。王荣生教授认为：剧本是戏剧的脚本，它的阅读方式无非两种，一种是像演员那么读，一种就是像观众看戏剧的方式读。[①]让学生适度地参与表演，有利于学生深入阅读文本。学生要扮演剧本人物，就要想象、感受、揣摩这个人物，加深对文本的理解。在学生已全面熟悉文本的基础上，我们不妨设计戏剧表演的环节，让学生以"演员"的身份出现在语文课堂上，真实体会戏剧"表演"的艺术魅力，感受戏剧"场面"，真正地融入戏剧，通过自身的表演感受和体验剧中人物的喜怒哀乐、一颦一笑，把从剧本中获得的文字感悟转化为戏剧动作，动态化、形象化展示静态的教材内容，产生更深刻的认知，实现戏剧教学的升华。

另一方面，还可以通过课内向课外的延伸，拓展戏剧学习的时空。戏剧教学当以课堂为主阵地，也要将教学向课外延伸。我们要用课外阅读的内容丰富学生对戏剧的认知与感悟。由于课本的戏剧选文大多是节选，学习节选部分时处于前后断链的阅读状态，所以通过课外阅读，学生可以更全面地了解戏剧内容，加深对戏剧的理解。

我们可以让戏剧渗透到多个学习任务群中，增加语文学习的"戏份"。新课标规定普通高中语文课程由必修、选择性必修、选修三类课程构成，三类课程又分别安排7—9个学习任务群，要求将中华优秀传统文化等内容始终贯穿必修、选择性必修、选修三类课程。这就给语文教学增加"戏份"提供了理论基础和政策依据。在"整本书阅读与研讨""跨媒介阅读与交流""语言积累、梳理与探究""文学阅读与写作""中华传统文化经典研习""跨文化专题研讨"等学习任务群中，都可以安排戏剧学习，数量完全取决于我们对戏剧的重视程度。鉴于戏剧文学自身具有的丰富的课程资源，在高中语文学习中增大戏剧学习的比重是可行的，也是必要的。

戏剧教学无论是从语文课程的角度，还是从学生素养的养成角度，都具有十分重要的价值。我们在教学中不可忽视它，要让学生在"入戏"与"出戏"的过程中获得精神的滋养。

---

① 王荣生.阅读教学教什么［M］.上海：华东师范大学出版社，2016.

我的课例

《窦娥冤》教学设计

《窦娥冤》,全名《感天动地窦娥冤》,是元代戏曲家关汉卿创作的杂剧,是作者的代表作品,是我国古代戏剧十大悲剧之一,也是中国古代悲剧成熟的标志和典范作品。

全剧四折,写弱小寡妇窦娥在无赖陷害、昏官毒打下屈打成招,成为杀人凶手,被判斩首示众。临刑前,满腔悲愤的窦娥许下三桩誓愿:血溅白练,六月飞雪,大旱三年。果然,窦娥冤屈感天动地,三桩誓愿一一实现。

作品用丰富的想象和大胆的夸张,设计超现实的情节,显示出正义的强大力量,寄托了作者鲜明的爱憎,反映了广大人民伸张正义、惩治邪恶的愿望,体现了现实主义与浪漫主义风格的融合。

教学《窦娥冤》,紧紧抓住一个"冤"字层层探究,在探究中走进窦娥的内心世界,把握人物形象,理解矛盾冲突,感受作品的悲剧力量,理解经典悲剧的丰富内蕴,认识作者良苦的创作用心。

仍采用共生教学的方法,以"冤"为共生原点,以"探冤"为主线,收放开合,追求"既体现戏剧(剧本)教学的基本特点和基本规律,又努力突破戏剧教学的一般程式;既遵循文本解读的一般规律,又尝试突破对作品的一般解读",努力开掘作品的丰富意蕴。

教学过程和教学活动为:

1. 检查课前自主学习

(1)指名两名同学复述《窦娥冤》全剧剧情,其他同学补充比较,检查全剧《窦娥冤》的阅读情况。

(2)了解节选部分在全剧中的地位,概括节选部分情节并交流。

2. 解读窦娥的冤情

这是教学的第一个主要环节。这一环节是让学生带着问题阅读，通过初步阅读节选部分文本，理解课文基本内容，通过对问题的讨论，把握主要情节和主旨。

（1）阅读十支曲子，"误探"冤情。

《窦娥冤》是著名悲剧，是我国古代十大悲剧之一。悲剧集中体现在窦娥的"冤"，"比窦娥还要冤"已经成为今天的一个流行话语。

元杂剧的"诸宫调"就是用多种曲调来说唱一个故事。唱，是元杂剧的主要表现手段。《窦娥冤》的第三折是"旦本"，由正旦窦娥主唱，表现其被押赴刑场处斩的情景和内心活动。从表现方式看，窦娥唱的十支曲子是主要内容。

阅读《窦娥冤》节选部分的十支曲子，思考：窦娥"冤"在哪里？

这是一个"误导"之问，因为阅读十支曲子并不能回答这个问题，也不能弄清楚窦娥冤在哪里。

【端正好】【滚绣球】是十支曲子中很重要的两支。这两段用呼告、对比、对偶、拟人等修辞方法和表现手法，大胆指斥否定神权，痛斥天地神权的欺骗性，主要表现窦娥的"怨"。

【倘秀才】是请求刽子手不要走前街，而要走后街，避免让婆婆看到赴刑的自己，表现窦娥的善良，侧面表现她的确是蒙冤。

【叨叨令】在表达和【倘秀才】同样内容的基础上交代自己从小无母、"十多年不睹爹爹面"的可怜命运。

【快活三】【鲍老儿】则是对婆婆的祈求。

【耍孩儿】【二煞】【一煞】及【煞尾】都是表达窦娥的三桩奇"愿"。

总之，从十支曲子中读不出"冤"，只能读出窦娥的"怨"和"愿"，"怨"和"愿"的背后是"愤"和"恨"。

（2）细读宾白，初明冤情。

既然十支曲子中只能读出窦娥的"怨"和"愿"，那么窦娥的"冤"到底是什么呢？元杂剧的表现方式，除了"唱"还有"科"和"白"。宾白，即对白和独白，也是元杂剧表现情节和人物的手段。阅读课文中的人物宾白，探寻窦娥的冤情。

通过阅读窦娥和刽子手及同婆婆的两次对白，学生不难明白：窦娥出于善良本心，为了不连累婆婆，屈招承认自己药死了公公。她的冤在于没有害人却被当作杀人犯，压赴刑场受刑。

3. 解读窦娥冤的根源

没有杀人，却要被处死，这的确是窦娥的冤屈。窦娥为什么会遭受如此冤屈呢？联系全剧剧情，探究窦娥冤的根源。

出示全剧概要：

窦娥三岁丧母，七岁离父，被典与债主蔡婆做童养媳；十七岁完婚，不到两年就守寡。不久，蔡婆出城讨债，债户赛卢医将她骗至郊外，企图杀人赖债，却被张驴儿所救。当他得知蔡婆家中颇有钱财，还有一个正当青春的儿媳时，顿生歹念，强迫蔡婆嫁给其父，自己则欲强娶窦娥为妻。软弱的蔡婆屈服了，窦娥却坚决不从。为了迫使窦娥就范，张驴儿在羊肚汤中下了毒，想毒死蔡婆，使窦娥陷于孤立无援的境地。不料，张父误食了毒汤，一命呜呼。张驴儿恼怒之余，嫁祸于窦娥，并以此相要挟，强迫窦娥屈从。淳朴的窦娥自信清白无辜，毅然选择"官休"。没想到的是，负责审理此案的楚州太守桃杌是一个昏庸而又残暴的贪官，他只认钱不认理。在公堂上，滥施淫威，严刑逼供，窦娥被打得皮开肉绽，三次昏死过去，仍然顽强不屈。可是，当桃杌转而要对蔡婆施以酷刑时，她为了保全婆婆，只得含冤屈招，结果被送上断头台。

（1）讨论：根据剧中的关键情节，说说窦娥之冤是如何造成的？

明确：

①由于她太善良了，承认自己药死了人，担心婆婆被打死。

②由于她对官府的信任，如果私了就可能没有这样的下场。

③由于官府黑暗腐败，窦娥被屈打成招。

（2）讨论：这背后的根源又是什么呢？

①她的贞洁观念。如果她接受张驴儿的要求，就不会有这样的悲剧发生。

②她的孝道观念。她被打得皮开肉绽，都没有屈招，当桃杌转而要对婆婆施以酷刑时就含冤屈招。

③社会制度的黑暗。

（3）归纳：从根本上说，窦娥蒙冤的根源在于她讲贞洁，守孝道，信官府。坚守封建妇道和孝道，却被封建官制所害；遵从封建道德，遵守封建秩序，却死在封建官府的刀下。这就是窦娥之冤的根源，也是窦娥的悲剧所在。

4. 解读窦娥如何申冤

这一环节旨在理解作品的浪漫主义表现手法，进而理解作品的深刻主题，也更深入地理解窦娥这个人物形象的丰富内涵。

（1）品读十支曲子的最后四支，归纳"三桩誓愿"的内容：血溅白练、六月飞雪、亢旱三年。

（2）讨论：窦娥申冤仍然把希望寄托在谁的身上？

明确：从三桩誓愿的内容、"皇天也肯从人愿"等曲词，很容易看出窦娥把申冤的希望仍然寄托于"天"。

（3）讨论：阅读《汉书》和《搜神记》中关于东海孝妇的记载，思考：作者为什么这样安排全剧的高潮？为什么让窦娥提出这样三桩奇愿？

东海有孝妇，少寡，亡子，养姑甚谨。姑欲嫁之。终不肯。姑谓邻人曰："孝妇事我勤苦，哀其亡子守寡。我老。久累丁壮，奈何？"其后，姑自经死。姑女告吏："妇杀我母。"吏捕孝妇。孝妇辞不杀姑。吏验治，孝妇自诬服。具狱上府，于公以为此妇养姑十余年，以孝闻。必不杀也。太守不听，于公争之。弗能得。乃抱其具狱，哭于府上，因辞疾去。太守竟论杀孝

妇。郡中枯旱三年。(《汉书·于定国传》)

自后郡中枯旱，三年不雨。后太守至。于公曰："孝妇不当死，前太守枉杀之，咎当在此。"太守即时身祭孝妇家。因表其墓。天立雨，岁大熟。长老传云："孝妇名周青。青将死，车载十丈竹竿，以悬五幡。立誓于众曰：'青若有罪，愿杀。血当顺下；青若枉死。血当逆流。'既行刑已，其血青黄，又缘幡竹而下云。"(干宝《搜神记》)

明确：《窦娥冤》是以东海孝妇的故事为基础创作的，但又不是原故事的翻版，它比原作更深刻地反映了社会的矛盾。三桩誓愿的实现，既是可能的，又是不可能的：在艺术领域中，它是可能的；在生活实际中，它是不可能的。它通过三桩誓愿的可能实现表达了美好的希望和理想，又通过实际的不可能实现表达了人们对社会的绝望。读者和观众正是知道三桩誓愿的不可能实现，正是对社会的深深绝望，才会更深切地理解窦娥的冤屈之深。这才是作者的用心，也是这部经典悲剧的艺术张力所在。

5. 解读"婆媳诀别"

作者通过【端正好】【滚绣球】【倘秀才】【叨叨令】等曲子表现了窦娥在赴刑场路上怨天恨地对神权的斥责之后，为什么不直接写她的三桩誓愿，而要写婆媳诀别的场景？请联系全剧剧情作简要分析。

明确：
①使人物形象更丰满，在表现其强烈抗争的同时，表现其和婆婆之间的感情；②欲扬先抑，增强三桩誓愿的表现力；③使剧情更有变化，更有节奏，增强戏剧效果；④照应第二折戏的情节，并为第四折伏笔。

6. 解读窦娥的形象特征和形象意义

这是在前两探基础上进行的教学活动。
（1）再读课文内容，用关键词概括出窦娥的性格特征，并结合具体内容简要说明。

明确：善良，孝顺，抗争。

（2）戏剧戏剧，关键在戏。戏，就是矛盾冲突。矛盾冲突，是所有戏剧的主要表现手法。矛盾冲突，一是指人物与人物之间、人和社会之间的外在冲突，二是指人物本身的内在矛盾和内在冲突。

回顾剧情，分析剧本《窦娥冤》中的矛盾。

对窦娥和其他人物的矛盾、和社会的矛盾，学生是容易发现理解的。教学重点和难点在对窦娥自身矛盾的发现和解读上。

预设1：窦娥明明知道自己的冤屈是昏庸贪财的官吏造成的，在赴刑场的路上却要诅咒天地神鬼。

明确：按照封建社会的传统观念，天地神鬼是最公正的，封建官吏常常以"青天"自居；冤屈形成的直接刽子手是昏聩官吏，背后的根源是"掌着生死权"的神鬼，这也表明窦娥冤对自己冤屈的认识在加深。

预设2：窦娥自愿招认药死了张驴儿的父亲，却又要鸣冤叫屈。

明确：自己招认，是由于舍不得婆婆受刑；又要鸣冤，是因为押赴刑场，在生命就要结束的时候，她觉得可以为婆婆而死，但不能为婆婆而冤，不能永远背着这不属于自己的罪名，要让世人坚信不是"天公不可期"，"都是官吏每无心正法，使百姓有口难言"。

预设3：第一、第二两支曲子中，窦娥指斥天地，对天充满怨气，可是后四支曲子中表达自己的愿望时又寄希望于天。

讨论明确：发现这既矛盾又不矛盾：前者是对自己不幸命运的不平，是一种遭遇不平后的本能发泄，这里的天是一个并不明确的所指；后者的天是一个明确的所指，就是窦娥心中代表正义、主持正义的力量，是借助这个天表达冤屈和对冤屈得到伸张的强烈欲望，是一个比较理性的倾诉。作者正是通过这样一个看似矛盾而又不矛盾的矛盾，表达窦娥在绝望中的无奈、挣扎，表现一个弱女子命运的不幸和世道的不公，使悲剧具有更加震撼人的力量。心中有怨气，她只能骂天；心中有冤屈，她只能求助于天。除此，她又能如何呢？

（3）用"既_____，又_____"（在横线上补充一对矛盾的词语）的格式概括窦娥的性格特征。

预设：既刚强，又软弱。既恪守封建道德，又不满封建压迫。既信任官府，又痛骂官吏。既痛恨封建社会，又寄希望于封建秩序。既怨天骂天，又信天寄希望于天。

7. 课后任务：分组合作将元杂剧《窦娥冤》改编为现代话剧

这个活动的目的是通过改写进一步认识元杂剧的特点，理解作品主题及艺术特色。

要求：①忠于原作的主题；②忠于原作的人物形象；③尽可能保留原作的语言；④用今天的语言替换，要尽可能忠于原意；⑤自由组合，合作完成。

改写之后，有兴趣的同学利用课余时间组织演出，并安排时间进行班级汇演。

第六课

文言文教学

我的说法

文言文教学的言文共生

很多老师觉得文言文好教，因为教学内容明确，教学方法也容易把握。

其实，文言文教学内容和教学方法方面，都存在比较严重的问题。有些老师就是让学生理解文句的意思，认为学生会翻译了，教学任务就完成了；有些老师则热衷于讲解古代汉语知识，如名词动化、使动用法、主谓倒装、宾语前置等；还有些老师是先理解文句后分析文本。一些自以为运用新课程理念的老师，则进行一些架空的文本分析和浮于文本之上的学习活动。概括地说，或有言而无文，或有文而无言，或言文分离。

字句理解的确是文言文教学的基本任务，但重视字句理解不等于必须句句字字落实地翻译和孤立地讲解字词，培养学生文言文的阅读能力才是文言文教学的根本目的。掌握一定的文言知识对于培养学生的文言阅读能力是必要也是有益的，但它不等于在学习古汉语知识，更不是在名词术语上花精力，在整体阅读中积累掌握适当的文言知识才是文言文学习的基本规律。更重要的是，古汉语知识的学习、文言字词句的理解，包括文言文阅读能力的培养，都不是文言文教学的主要目的，更不是全部。

那么，应该怎样安排文言文的教学内容呢？我们一贯认为，文言文教学应该追求文言、文章、文化和文学的"四文"融合。

文言文是老祖宗留下的文化遗产，是中华民族宝贵的精神财富。它的价值绝不仅仅是让我们了解和学习古人的书面语言。选入教材的文言文，可以说篇篇都是经典，《小石潭记》《岳阳楼记》是写景文章的经典，《愚公移山》

《黔之驴》是古代寓言的经典，《六国论》《过秦论》是议论评述类文章的经典，《项脊轩志》是记述日常生活、书写亲情文章的经典，《出师表》是"表"的经典，《滕王阁序》是骈文的经典，《阿房宫赋》是赋体文的经典。阅读这样的文章，不仅能提高学生文言文的阅读能力，还可以培养学生的写作能力和鉴赏能力。而且，这些文章具有一定的文学价值，绝大多数是优秀的文学作品。如《曹刿论战》《邹忌讽齐王纳谏》《鸿门宴》《廉颇蔺相如列传》，每一篇都堪称"史家之绝唱，无韵之离骚"。"唐宋八大家"的散文，无一篇不具有极其丰富的文学内涵和极高的文学价值。《促织》这样的文言小说无论是情节安排还是人物塑造，都可以称为小说艺术的典范。更重要的是，这些作品包蕴着丰富的传统文化和古人的思想。如果学习文言文仅仅只学习了字词句的理解和翻译，是对传统文化的糟蹋，也是对语文教育资源的极大浪费。新的课程标准要求语文教学培养学生语言建构与运用、思维发展与提升、文化传承与理解、审美鉴赏与创造四大核心素养。文言文教学如果不能做到"四文"统一，远不可能实现这样的目标。

那么，怎样教学文言文才能达成"四文"统一呢？

首先，旗帜鲜明地反对"串讲"。其理由如下：

一是串讲扼杀了学生学习文言文的兴趣和主动性。串讲式教学，教师字字落实，句句翻译，学生几乎没有思考的空间，要做的就是记下教师讲的内容，课后花时间记忆。单调乏味的教学形式，使学习内容失去应有的趣味，严重挫伤学生学习文言文的积极性，扼杀学生学习的内在需要，更不可能激发学生主动学习的兴趣。大多学生不喜欢学习文言文，与教师的串讲式教学不能说没有关系。

二是串讲容易陷入知识中心。句句落实、字字落实的教学，一些教师为了落实到位、讲得清楚，会引入较多的古汉语知识，诸如词的活用、倒装句式、通假字等，甚至在现代文阅读教学中已经不再强调的有些语法知识，在讲文言虚词用法的时候也要花很多时间去讲解，如词性的分类和句子的结构成分。甚至有教师认为，不讲文言知识，就没有办法教学文言文，让学生听懂。

三是串讲必然造成大量教学内容的重复。所谓串讲，往往是不加选择地一路讲过去。教材注释有的，要讲；以前学过的，也要讲。学生已经懂的，要讲；学生自己能读懂的，也要讲。由于没有精心选择教学内容，必然有内容会不断重复。这篇课文讲了，下篇课文还会讲；这学期讲了，下学期还会讲；初一讲了，初二、初三还会讲；甚至小学、初中讲了，高中还要讲。相反，该突出的重点，得不到强调；该解决的问题，得不到解决。所以，教学必然效益低下。

当然，不串讲不是一概不要讲。那么，讲什么、什么时候讲、怎么讲呢？（1）讲重点：需要重点掌握的，对文章理解重要的，具有举一反三作用的。（2）讲难点：即使注释注解了，学生也不一定能理解掌握的。（3）讲疑点：不同资料，不同版本，不同教材，解释不一样的；学生会产生疑问的，学生理解分歧比较大的。

至于什么时候讲，没有定规，要看具体情况，基本原则是先让学生自学然后再讲，当学生有需要的时候再讲，在学生分歧较大时必须讲。至于怎么讲，要根据具体对象、具体内容而定。应该注意的是，要有针对性，讲究分寸，讲究方法。

有些教师担心，不串讲如何让学生理解文句呢？这其实不难，可以在反复诵读中理解，在学生的自由朗读和默读中理解，让学生借助注释和工具书自主学习与合作学习，引导学生根据上下文和自己的积累理解，也可以在问题探究和合作学习中理解。

应该说，让学生理解文句是容易的，而我们追求和提倡的是，通过学习活动的组织实现"四文"的统一和言文的共生。

1. 在"言"的理解中解读"文"的丰富内涵

教学《谏太宗十思疏》时，我给同学们提供了两个版本：一个是当时学生使用的苏教版高中语文教材（标为A版），另一个是在全国使用的语文版高中语文教材（标为B版）。第一个环节是请三位同学朗读课文，然后讨论字音，引出一个问题："臣闻求木之长者"的"长"，A版本注音是cháng，B版本上注音是zhǎng，到底怎么读呢？我让同学们说说自己的选择和理由。最后明确：字音的选择是根据词义、上下文内容确定的。第二个环节是注释比较，我先以"浚"为例进行讨论，B版本注的是"深挖"，A版本注的是"疏通"，让同学思考"疏通"好还是"深挖"好，并说说理由。两个版本中，有很多注释不一样，接下去让同学们自己发现和比较两个版本的注释，然后交流。第三个环节是比较版本的增删：A版本里有很多内容在B版本都删了，是删好还是不删好？先自由讨论，然后全班交流。我提示同学们要从文章的语言、气韵、主旨、结构几个方面思考和讨论。第四个环节是比较朗读。先听专家朗读B版本，然后听我朗读A版本，让同学们比较异同。大家发现我朗读A版本的感情表现得更激昂、更强烈，情绪更外显，专家朗读B版本更内敛、更沉稳。我让同学根据文本内容、进谏背景和作者的个性特点思考：读这篇奏议，该不该情绪激昂？第五个环节是讨论文章的主旨是不是课文"提示"所说的"居安思危，戒奢以俭"，这八个字是不是足以概括"十思"的内容。第六个环节是引出唐太宗在魏徵死后写下的名句"以铜为镜，可以正衣冠；以史为镜，可以知（见）兴替；以人为镜，可以知得失"，让同学们续写句子"以文为镜，可以_____"。第七个环节是让同学们用文中句子加工格言以自勉或赠人。我先出示了自己根据文中"念高危，则思谦冲以自牧；惧满溢，则思江海下百川"加工出的"谦冲自牧"四字自勉格言，同学们可选择语句自己加工，然后交流。

很显然，这节课的每一环节都在语言上下功夫，或字或词或句，但我以为在每个教学活动中，又都不是单纯的字词句理解，更不是拘泥于字字落实的翻译，而是融合了文章、文学和文化的丰富内容。读音的讨论中，有文意的理解；注释的比较中，有文章思想内容的理解；增删的比较中，有文章主旨和文章结构的理解，还有对作者治国理想的理解；句子续写活动中，有作者写作目的和现实意义的理解；自勉格言的加工，有思想教育和人格教育。这比较好地实现了言和文的相融共生。

2. 在思想内容的解读中落实"言"的理解

教学《出师表》，我以文本的多重解读为立足点，在解读诸葛亮和刘禅三重关系的过程中落实了对文本字词句的理解。

在用接句背诵的方式抽查了几个同学的课文预习之后，第一个教学环节是解题，明确"表"是一种文体，是大臣写给君王的奏章，是诸葛亮出师伐魏前写给后主刘禅的一篇奏疏。第二个环节是讨论从这篇奏章可以看出诸葛亮是个什么样的大臣。第三个环节是解读作者和刘禅之间的师生关系，引导学生发现能体现诸葛亮"老师"角色的关键词语并品读其内涵。第四个环节是解读作者和刘禅之间的"父子"关系，引导学生抓住关键语句，体会作者对刘禅父亲一样的感情。第五个环节是认识刘禅的特点，更深一层理解作者强烈的责任感和北伐前复杂的感情。很显然，这样的教学完全是以文本思想内容的多层解读为立足点的，每一个教学活动的指向都是"文"：文章内容的多层理解、文章思路的内在结构，以及作者的特殊处境与强烈的责任感和使命感。这包含了文章、文学和文化的丰富意蕴。但如果教学仅仅着眼于这些内容，就误入了"有文无言"的歧途，背离了文言教学的基本规律和基本要求，也会使这些内容的教学被架空。

所以，我们在教学的每一个环节都紧紧抓住具体的字词句进行解读，既让字词句的教学得到充分落实，也使得思想内容的解读具有扎实的基础。在认识诸葛亮"忠臣"的特点时，完成"臣本布衣，躬耕于南阳……则攸之、祎、允之任也"这部分的解读；尤其是"先帝不以臣卑鄙，猥自枉屈……由是感激，遂许先帝以驱驰。后值倾覆，受任于败军之际，奉命于危难之间""受命以来，夙夜忧叹……故五月渡泸，深入不毛""庶竭驽钝，攘除奸凶……此臣所以报先帝而忠陛下之职分也"等关键词句的理解，都得到了较好的落实。解读师生关系时，则抓住"宜""不宜"和"愿"几个总领词体会作者的"老师"角色，并通过找"宜"和补"宜"这两个小活动，借助这几个词的提挈解读"诚宜开张圣听……愿陛下亲之信之，则汉室之隆，可计日而待也"这部分内容，落实"恢弘""菲薄""陟罚臧否""偏私""简拔""裨补阙漏""行阵""痛恨"等关键词语的理解，归纳虚词"以"在文章中的多种用法。解读父子关系时，着重引导学生抓住"愿陛下托臣以讨贼兴复之效……今当远离，临表涕零，不知所言"这一段文字，体会诸葛亮对刘禅既寄予希望又"哀其不争"的父子之情。第六个环节是认识刘禅的形象,从字里行间理解刘禅的特点。比如,从"诚宜开张圣听……以塞忠谏之路也"中看到刘禅的言路狭隘、缺乏自信、信心不足;从"宫中府中,俱为一体……使内外异法也"中读出刘禅的偏重后宫、赏罚不明;从"侍中、侍郎郭攸之、费祎、董允等,比皆良实,……必能使行阵和睦,优劣得所"中读出刘禅的不能识人、用人不当;从"亲贤臣,远小人……愿陛下亲之信之,则汉室之隆,可计日而待也"读出刘禅的亲近小人。然后,通过诸葛亮"临表涕零"写到哪些句子会流泪,"不知所云"他说了什么、还想说什么这些问题,再回读文章中的关键语句。

整节课上,每个环节、每个活动的重心都在内容的解读上,都是对文章"意"的发现;同时又处处从"言"入手,紧紧抓住字词句的理解进行教学,"言"的教学非常实在。而且,以"文"的理解带动"言"的学习,以"言"的学习支撑和深化"文"的理解,较理想地实现"四文"统一和言文共生。

3. 在文体特征的认识中解"言"读"文"

阅读教学中,文体是一个重要的内容。它是文章形式和文章内容的连接点,也是阅读能力培养、写作能力培养的关键点。尽管文体本身不是学习内容的重点,但文言文阅读教学要从文体着眼,可以很好地实现"四文"统一和言文共生。

我教学《黔之驴》这篇课文时,第一个环节就是明确寓言借一个小故事讲大道理,而且故事的主体形象大多数是动物这一文体特征。第二个环节便是课文朗读,要求读准字音,读出文言文的特点,读出寓言的味道。第三个环节是读驴的故事,先让学生自读课文,标出课文里直接写驴的语句,在交流中概括作者写驴的几个角度,重点落实对"船载以入""庞然大物""驴不胜怒,蹄之"等关键字词的理解。第四个环节是讨论驴的悲剧形成的原因,并且用成语"黔驴技穷""黔驴之技""庞然大物"来概括。第五个环节是读虎的故事,在讨论老虎战胜驴的主要原因的过程中,梳理老虎由"以为神""大骇""甚恐""慭慭然"到"觉无异能""因喜"的心理过程,以及

"稍出近之""往来视之""近出前后",由陌生害怕到轻视怠慢的观察过程、认识过程。在这个过程中,落实对"虎见之,庞然大物也,以为神,蔽林间窥之""驴一鸣,虎大骇,远遁,以为且噬己也,甚恐""稍近益狎,荡倚冲冒""觉无异能""慭慭然,莫相知"等关键词句的理解。第六个环节是引导同学们模仿概括驴的三个成语,改造课文的语句,用四字成语概括老虎的故事给我们的启发,如"黔虎斗驴""黔虎识驴""黔虎之智"等。第七个环节是用不同的口吻讲故事,先以作者的口吻讲,再分别以驴的身份和虎的身份讲。第八个环节是讨论课文的主要笔墨是写老虎,为什么题目叫"黔之驴"而不叫"黔之虎",结合背景让同学们知道这体现了作者写作的主要用意是讽刺表面强大而实际没有本领的人。第九个环节是讨论:驴的悲剧到底是谁造成的呢?驴是否一无所能呢?即使驴没有本领,是不是就该被老虎吃吗?这又给我们什么启发呢?最后一个环节是归纳这节课的学习内容:积累一批文言词语,掌握几个成语,学习一篇寓言,读了三个故事。

这节课以寓言的文体特点为主要抓手和着眼点,将对文言词句的理解紧密融合在认识寓言、理解寓言的教学过程中。每个学习活动都有明确的"言"的学习任务,适当安排语言理解任务,确保语言理解没有空白点;并且,对语言学习进行分层处理,朗读环节侧重字音及与字音相关的一些字词的理解,读驴的故事和读虎的故事,侧重一些表现形象特征的词语的理解,讲故事的活动则是通过说的形式巩固与强化对故事情节的整体把握和关键字的落实,讨论驴和虎的关系、驴的悲剧原因则是对寓言深层意义的认识和理解。我教学蒲松龄的小说《狼》也是如此,以小说的文体特征为教学的着眼点,在读小说的过程中从多层次扎扎实实理解文本,实现"四文"统一、言和文的共生。

4. 分层处理语言理解和文本解读,在两者穿插中实现言文的交融

这是实现"四文"统一和言文共生的一个基本策略。前面的一些例子中,不同程度都体现了这样的策略。《谏太宗十思疏》对言的解读,《出师表》

对文章内容的解读,《黔之驴》和《狼》对文体特征的认识,都进行了清晰的分层处理。但对这一策略的运用,最典型的还是《阿房宫赋》的教学。

《阿房宫赋》中,"言"和"文"的内容都极其丰富。"言"的内容,有"焉""族"等关键字词的掌握,有"气候""一旦""王子皇孙"等多义词的辨析,有"歌台暖响,春光融融;舞殿冷袖,风雨凄凄""鼎铛玉石,金块珠砾"等复杂语句的理解,有比喻、排比、夸张、互文等修辞手法的赏析,有"明星荧荧,开妆镜也……辘辘远听,杳不知其所之也""六国者,六国也,非秦也。族秦者,秦也,非天下也""后人哀之而不鉴之,亦使后人而复哀后人也"等句中 10 个"也"字语气和作用的揣摩,有最后一段中四个"后人"不同内涵的辨析等。"文"的内容,有赋这种文体"铺彩摛文""体物写志"总体特点的认识,有文章先状物写事后议论阐发的结构把握,有文章主旨及其现实意义的解读,有古代知识分子天下情怀的理解等。如果将这些内容单独处理,势必花时多而效果不好;如果简单杂糅一起处理,则很容易使课堂杂乱无序。因此,我便将"言"和"文"的教学内容分层,通过具体的学习活动将两方面加以融合体现,取得了比较好的效果。

检查了同学们的预习,讨论了同学们预习的问题之后,第一个教学板块是先投影出示我将课文内容压缩后的一段话:"阿房之宫,其形可谓( )矣,其制可谓( )矣,宫中之女可谓( )矣,宫中之宝可谓( )矣,其费可谓( )矣,其奢可谓( )矣。其亡亦可谓( )矣!嗟乎!后人哀之而不鉴之,亦可( )矣!"请同学们阅读课文,在括号里填上适当的词语。交流后,再让同学们分组根据所填词语(雄、大、众、多、靡、极、速、悲)在文章中找到对应的语句。然后讨论:我们用一个字,作者用了一大排句子甚至是大段大段的文字来表现是为什么?这个板块,从"言"的角度,主要是理解关键语句,认识和理解运用多种修辞手法的作用;从"文"的角度,是掌握文章各部分的基本内容,了解赋这种文体"铺彩摛文"的基本特点。第二个板块是我配乐朗读课文,其目的是从"言"的角度感受文章的语言特点和风格,体会多种修辞综合运用的表现效果;从"文"的角度是体会"铺彩摛文"这种文体的特征及其表现效果。在这个板块中重点引导学生揣摩体会五个"也"的不同语气和用法。第三个板块是置换结尾，讨论不同结尾的立意指向。先投影出示我改写的结尾："观古今之成败，成，人也，非天也；败，亦人也，非天也。成败得失，皆由人也，非关天也。得失之故，归之于天，亦惑矣！"让同学们和原文结尾比较有什么不同，哪个更好。这意在引导学生从语言特点、文章前后内容的关系、立意的高下等角度认识文章结尾的必然性，深入理解赋这种文体"体物写志"的特点。重点是通过比较朗读揣摩五个"也"字的不同语气和作用，辨析四个"后人"的具体所指，体会结尾这一段话节奏紧密、回环往复的语言具有的表达效果，感受作者以天下为己任的士子情怀。第四板块是让同学们用三个字概括全文内容（奢、亡、鉴），意在收缩全文，也是小结一节课的教学。这既是对概括能力的训练，也是对赋体文特征和全文思路结构的进一步认识。

如果说这节课的教学效果比较理想，在一定程度上实现了言和文的共生，主要原因是我对"言"和"文"的教学内容进行了分层处理，通过一系列学习活动将两方面内容融合到一起。

文言文教学实现"四文"统一和言文共生的策略很多，方法因文而异，这里只是介绍一些基本策略。

我的课例

《狼》教学实录

师：今天我们来学习一篇文言小说，大家都知道题目了吧？

生：（齐）《狼》。

师：同学们，课文是不是读得很熟了？课文读得熟的一个标志，就是读得快。把课文读熟的一个方法，就是快速读课文。你们平时有没有比过谁读课文最快啊？哪个同学可以展示一下自己课文读得很熟、很快？当然，你不看课文，背得很熟、很快也可以。有没有？今天有两个班一起上课，一个班出一个人比一比看好不好？看哪个同学课文读得快，读得准，不漏内容。先来看一班派哪个代表？

（生积极举荐人选。）

师：首先一班同学先读，二班这位同学来读读看。

（生朗读全文。）

师：好，请坐。大家觉得她读得熟不熟？

生：（齐）不熟。

师：我觉得前面还是比较熟的，后面不太熟，对吧？好，一班哪位同学？好的，我们请这位同学来。

（生朗读全文。）

师：好，请坐。他读得熟不熟？

生：（部分）熟。

生：（部分）不熟。

师：还不熟？那这位同学你来读。

（该生朗读全文，其他学生鼓掌。）

师：所以，人家说别人读得不熟是有资本的。现在请大家把书合起来，我们回顾一下小说的内容，看你们课前有没有真的熟悉课文。同时，我们还要一边回顾一边思考问题，这样你们才会真正地懂得怎么读小说。课文的题目是"狼"，这篇小说的主要形象是谁啊？

生：（齐）屠夫、狼。

师：有同学说是狼，有同学说是屠夫。应该说，这两个理解都可以，对不对？没有屠夫行不行？

生：（齐）不行。

师：没有狼行不行？

生：（齐）不行。

师：也不行，没有屠夫、没有狼就没有故事，就没有矛盾冲突。应该说，这两个在某种意义上同样重要。但是如果一定要推敲哪一个更重要呢？读完小说，相信大家会有自己的思考。课文里有几只狼啊？

生：（齐）两只。

师：课文中是怎么说的？

生：（齐）"一屠晚归，担中肉尽，止有剩骨。途中两狼，缀行甚远。"

师：看来大家很熟悉课文，是"途中两狼"。有没有同学想过，假如课文里就写一只狼，行不行？

生：（齐）不行。

师：为什么不行？哪个同学能说一下，为什么一定要有两只狼？这个同学，你说说看。

生：因为如果只有一只狼的话，那个屠夫会把他身上的骨头给那只狼，那只狼就停住了，就不会再来追赶屠夫了。

师：你怎么肯定如果是一只狼，骨头给了它，它就不追啦？

生：因为文中写了屠夫投骨，然后一只狼就停下了。

师：一只狼停下是为了啃骨头，啃完以后肯定就不追来了吗？大家能不能肯定？

生：（齐）不能。

师：一只狼，"我"把骨头给你，任你啃，你啃完以后就回家啦，这还叫狼吗？

（生笑。）

师：你看，这个推理不成立。来，这位同学说一下。

生：文章在后面说"前狼假寐，盖以诱敌"，另一只狼绕到后面准备袭击屠夫。如果只有一只狼的话，它就没法袭击屠夫了。

师：有没有道理？

生：（齐）有。

师：如果只有一只狼，后面的情节是没办法展开的，对不对？一只狼在前面，装成诱惑你的人；一只狼绕到后面去。两只狼打配合啊！一只狼怎么配合？只能这么盯着你，一直盯着你。

（生笑。）

师：有几个屠夫？

生：一个。

师：一个屠夫，"一屠晚归"对不对？假如是两个屠夫行不行？"二屠晚归"呢？

生：（齐）不行。

生：一个屠夫只能打一只狼。

师：噢，故事情节就不紧张了，后面的故事都不需要这么写了。假如不写"一屠"，写一个农夫行不行呢？

生：（齐）不行。

生：屠夫身上才有肉和骨头，农夫走路不会带着骨头。

师：噢！看来大家都很会读小说。小说中是什么样的形象、人物太重要了。这篇课文写了两个主要形象，是两狼和一个屠夫的故事，对吧？

（生翻书。）

师：谁叫你们看书的？我们现在不要看书。写小说不仅要有形象，还要给故事安排一个非常好的环境。大家还记得这个故事发生在什么时候吗？

生：（齐）晚上。

师：课文里有个句子，"一屠——"

生：（齐）"一屠晚归。"

师：这个"晚归"很好懂，要注意"晚归"的"晚"是"在晚上"，是"归"的修饰语。假如我们把这个时间换成下午行不行？

生：（齐）不行。

师：为什么不行？

生：晚上人少。

生：气氛更紧张。

师：如果遇到了狼，人多就不会怕了。从一般常识来讲，狼白天也不会出来。对不对？

生：（齐）嗯。

师：所以，这样的安排才符合小说情节的合理性。那么，故事发生在什么地方？

生：麦场边。

师：麦场在哪里？麦场在村子中间吗？

生：田野里。

师：课文是怎么说的啊？

生：（齐）顾野有麦场。

师："顾"是什么意思？

生：看。

师："顾"一般是回头看，这里就是"看看"，我估计也有"四处看看"的意思。对吧？假如这个麦场不在野外行不行？

生：（齐）不行。

师：为什么不行？

生：野外人太少。

师：在村里面行不行？

生：不行，村里面人多。

师：对，在村里不合理，村里人多，狼即使进去也没有好下场。对吧？他说"顾野有麦场"，假如说"顾野有堵墙"或者"有座房"行不行？

生：不行。

师：不是蛮好的吗？"我"跑过去靠着墙，两只狼你们来吧。

生：（齐）不行。

师：如果有堵墙，后面的故事能不能再继续了？

生：（齐）不能。

师：不能了，最精彩的故事，高潮在哪个地方？一狼在前面"假寐"。还有一只狼呢？课文里是怎么说的？

生：（齐）一狼洞其中。

师：这个"洞"是什么意思？

生：（齐）打洞。

师："其中"的"其"是什么意思？

生：（齐）代词。

师：代的是什么？

生：（齐）"积薪"。

师："积薪"的"薪"是什么？

生：柴草。

师："薪"是柴草对不对？这个"洞"是在哪里打的啊？

生：（齐）柴草堆。

师：噢，是草堆里。如果是一堵墙，能去打洞吗？

生：（齐）不能。

师：打个洞，那个地方早就被发现了，对不对？

生：（齐）对。

师：是的，所以故事环境的安排也是非常讲究的。它必须合理，而且利于故事展开，把故事写得引人入胜。

生：（齐）嗯。

师：气氛要紧张，情节还要有变化。刚才，我们回顾了小说的主要内容，还在这个过程中有一些思考。将来同学们读小说就要这样读，边读边进入情节中去思考，才能对小说有更深入、更丰富的理解。

刚才是快读课文，现在我们朗读课文。谁来读？

生：老师。

师：好吧，我来读。你们要用心听，最好不看书。看看黄老师读得有什么特点，有没有什么地方读错了。如果有误，中途不许说，记下来，等我读完再说。

（师朗读全文，生鼓掌。）

师：都拍手鼓励我了。现在哪个同学能说说黄老师读得好在什么地方？

生：有情感。

生：抑扬顿挫。

师：还有什么特点？

生：读得很慢，有停顿。

师：对，同学们说得都很对。读文言小说就要读出文言的特点和小说的特点。你们认为黄老师做得最好的是在哪个地方？

生：有题目，有作者。

师：有题目，有作者。你们都没注意到吧？读课文要有题目，要有作者。除了题目、作者以外，其他还有什么？

生：有停顿，有重音。

师：有停顿，哪个地方的停顿让你印象特别深刻？

生：屠大窘。

师：我怎么读得？你读给我听听。

生：屠，然后，大窘。

师：你读给我听听看。

（生朗读。）

师：为什么要停顿啊？

生：因为要突出情感。

师：说情感是可以的。其实，这个地方应该强调"窘"是一种心理，写出了屠夫的心理变化，是一个很重要的线索。读小说要有起伏，要有人物心理变化，要让情节变化能够通过读表现出来。而且，文言文的朗读要通过停顿来表达意思和内容。同学们的欣赏、评价能力都很好。那黄老师有没有读得不好的地方？

生：（齐）有。

师：有什么不好的地方？

生：漏了。

生：还有字音。

师：漏了？还有一个字音问题。哪个字音有问题啊？

生：（齐）眈。

师：我读了什么？

生：（齐）dàn。

师：这个字怎么写的？左边是什么？

生：（齐）目字旁。

师：好，注意不能写成耳朵。这个字应该读什么声？

生：（齐）dān。

师：第一声。我读的是第几声？

生：（齐）第四声。

师：好吧。其他还有什么问题？

生：（齐）漏了。

师：哪个地方漏了？

生：（齐）"止有剩骨""弛担持刀""乃悟前狼假寐，盖以诱敌"。

师：漏了这么多啊？

生：（齐）对。

师：第一个漏了"止有剩骨"，第二个漏了什么？

生：（齐）"弛担持刀"。

师："弛担持刀"的"弛"怎么写？

生：一个"弓"，一个"也"。

师："担"呢？

生：提手旁，加一个"元旦"的"旦"。

师："持"呢？

生：提手旁，加一个"寺庙"的"寺"。

师：还有什么呢？

生："乃悟前狼假寐，盖以诱敌。"

师：我觉得这三个句子漏不漏没什么关系啊！

生：（齐）有关系！

师：我觉得没关系，"一屠晚归，担中肉尽。途中两狼，缀行甚远"。这个"止有剩骨"为什么不能漏啊？

生：因为后面屠夫要扔骨头。

师：噢！没有这个，后面就没办法扔骨头了。对的，你们知道这属于小说写作中的什么技巧吗？

生：伏笔。

师：对，叫伏笔。写小说要有伏笔，要有铺垫。如果这里没有"止有剩骨"，后面"投以骨"有没有办法呢？

生：（齐）没有。

师：没办法投，后来"复投之"有没有办法呢？

生：（齐）没有。

师：后来，"骨已尽矣"还能不能写了？

生：（齐）不能。

师：好，我来考一下你们。哪个同学可以告诉我，屠夫一共投了几次骨头？

生：好多次。

师：好多次啊？几次？

生：两次。

师：再想一想，再把课文读一读。

师：（快读课文）黄爷爷读得快不快？

（生笑。）

师：该快的时候要快，该慢的时候就要慢。慢，就是朗读、诵读，知道吧？要朗读也要快读，记住了吗？

（生笑。）

师：好的，再问问你们屠夫投了几次骨头？

生：（齐）两次。

师：有没有同学认为不是两次的？这位同学，你为什么觉得不是两次？

生：因为他的骨头不可能只有那么几根，投两次就没了。

师：这是你的主观判定，没有道理。卖肉的人可能剩下很多骨头，也可能只有一根骨头。对不对？我们要从文章情节中去找。有没有同学有根据的？这是个高难度的挑战。我们班上有的同学平时表现得很聪明，这个时候就不聪明啦？好，这位同学你来。你说肯定不止两次，是从哪里看出来的？

生："后狼止而前狼又至"，感觉已经有一定的规律了，所以他投的肯定不止两次。

师：有道理。总而言之，也不能判定一定是两次，对不对？尽管课文写了"复投之"，怎么改一下就只有两次呢？请注意，如果黄老师这么改行不行？"一狼得骨止，一狼仍从。复投之，后狼止而前狼又至，（句号改为逗号）骨已尽矣，而两狼之并驱如故"，这样是几次？

生：两次。

师：课文里的和黄老师说的有什么不同？

生：句号不一样。

师：这个句号很重要，对不对？中间有可能省掉了很多像这样的情境，对不对？好的。那么，这个"止有剩骨"除了在情节上可以作为铺垫、伏笔之外，与人物形象的描写有没有关系？与狼的形象、屠夫的形象的塑造有没有关系？这个要求高了。有没有关系？

生："止有剩骨"，就是只剩下骨头了。一方面是写屠夫当时的困难，心里慌张；另一方面是写狼的贪婪，屠夫只剩下骨头了，它也吃掉。

师：分析得非常好。告诉我们"止有剩骨"，没有办法了，写出了屠夫的心理：慌张。狼来了怎么办？没办法，骨头给你。但狼太贪婪了，屠夫只有骨头，全投光了，对不对？"骨已尽矣"，没有肉，没有骨头了，它还跟着，对吧？狼贪婪。如果反过来，假如说"一屠晚归，担中余肉"，当你遇到狼，不给它肉，只给他骨头，这是怎样的屠夫？

生：吝啬。

师：对，是个"要肉不要命"的人。屠夫现在给它骨头，不是吝啬，而是没有办法。对不对？

生：（齐）嗯。

师：能给的都给了，对不对？你看慌张后面的"大窘""惧"，通过这几个字词文中屠夫的心理线索就出来了，人物性格也出来了。投骨，是无奈之举，是狼的贪婪所致。那么，这个"弛担持刀"为什么也不能省？

生：因为后面"狼不敢前"。

师：为什么"狼不敢前"？

生：因为屠夫拿着刀。

师：首先要弄清楚，"狼不敢前"的"前"是什么意思？

生：（齐）上前。

师：跟"洞"一样，是个动词。狼不敢上前是因为什么？

生："弛担持刀"。

师：这在整个小说情节里是一个最重要的转折。拿刀之前，屠夫是什么样的心理？

生：慌张、害怕。

师："大窘""惧"，拿刀之后呢？屠夫心理开始变化了，是吧？是什么样的心理？

生：镇静。

师：镇静，慢慢地变得自信，然后就发生了什么？拿起刀劈狼的时候，就变得很勇敢，对吧？非常有道理。所以，这句在人物心理和人物形象的转变上非常重要。哪个同学来想一想，"弛担持刀"与后面的哪个情节还有关系？如果没有这一句，后面的哪个情景也不合理？

生：（齐）"以刀劈狼首，又数刀毙之。"

师：同学们反应太快了。假如不"弛担"、不"持刀"，后面能不能"劈狼首"？

生：不能。

师：所以，这四个字非常关键，在情节上至关重要，能让后面的杀狼更合理。后面还有一个动作很重要，如果不"弛担"、不"持刀"，就不能做出，是哪个动作？

生：（齐）"暴起。"

师：情节叙述，细微之处都很讲究。"弛担持刀"在情节、人物心理上都很重要。"乃悟前狼假寐，盖以诱敌"，哪个同学把这个句子翻译一下？

生："乃悟前狼假寐，盖以诱敌"，这才醒悟过来，之前那只狼是在假装睡觉。

师：噢，大意是对的。我们把它落实得更实在一点。"乃悟"的"乃"是什么意思？

生：（齐）才。

师："悟"呢？

生：（齐）明白。

师：对，明白。什么叫"前狼"？

生：（齐）前面那只狼。

师：对，像狗一样蹲在他前面的那只狼，对不对？假装在睡觉。"盖以"的"以"是什么意思？

生：大概，推测。

师："盖"是大概，"以"是什么意思？

生：用来。

师：对。"以"在课文里有很多种用法。"投以骨"中的这个"以"是什么意思？

生：（齐）用。

师：用骨投？不大顺畅。其实是"把"的意思，意思差不多，把骨头扔给它。"以刀劈狼首"的"以"呢？

生：（齐）用。

师：对。你们将来还要学习这些用法。"用来"表示目的，课文里还有一个"以"表示目的，大家自己去发现。这个句子刚才有同学翻译了，你们能发现它和课文中的哪些句子相呼应呢？

生：（齐）"久之，目似瞑，意暇甚。"

师：会翻译吗？"久之"是什么意思？

生：（齐）时间长了。

师：这个"之"是助词，没有实质性的意思。眼睛好像闭上了。"意暇甚"，"意"是样子，样子很轻松。除此以外，还和哪个句子呼应？

生："一狼洞其中，意将隧入以攻其后也。"

师：与这个句子有没有关系？

生：（齐）有。

师：有关系，这两只狼是互相配合的，对不对？一个在前面诱敌，一个在后面进攻。"乃悟前狼假寐,盖以诱敌。"刚才我们已经把大意弄清楚了,如果要准确翻译呢?我看到两种翻译,一种是:才明白前面的狼是假装在睡觉,目的是诱惑屠夫;还有一种是:才明白前面那个狼是假睡觉,是来诱惑屠夫的。哪种更有意味?

生:(齐)第二种。

师:注意刚才分析的区别在哪里?

生:(齐)"是"。

师:悟的是"前狼""假寐",还是"前狼假寐"是来诱惑的呢?

生:是来诱惑的。

师:那么,"乃悟"这句对人物形象有没有作用?对表现屠夫的形象和狼的形象有没有作用?

生:(齐)有。

师:什么作用?

生:狼都会用计谋了,充分表现狼的——

生:狡猾。

师:从这个句子呼应的内容,可以看出屠夫的哪一面?有没有同学能更深刻地理解屠夫?是的,一开始是害怕的、慌张的,后来"大窘",非常窘迫、害怕。后来,当他"弛担持刀"的时候,害不害怕啦?

生:不害怕了。

师:他变得勇敢。那么,当他"乃悟"——终于明白原来是这样的——这可以突出他的什么特点呢?

生:果断。

师:有同学说是果断,也有一定的道理。我觉得拿起刀的时候就已经够果断了,对不对?识破它的诡计仅仅是靠果断吗?

生:机智。

师:机智,有道理吧?作者是从这两个侧面去写屠夫的。本来课文到这里,我们学完就可以下课了。那么,有没有同学课前读过蒲松龄其他有关狼的文言小说?

生：读过。

师：他一共写了几篇？

生：三篇。

师：《狼》三则对吧？根据作者的另外两则《狼》，黄老师也写了一则《狼》。我们先来看看大家能不能理解黄老师写的。

师：（PPT展示、讲解）这是黄老师写的一则狼的故事，现在同学们能不能给它加一个题目？

生：狼。

生：屠。

生：屠夫与狼。

生：屠夫诈狼。

师：还有呢？

生：屠计取狼。

师：噢，用计策取狼，还有吗？可能还有很多题目。单单用一个"狼"字，好不好？

生：（齐）不好。

师：为什么？

生：主要是屠夫。

师：因为故事的主要人物是屠夫。现在，我也比较认同屠夫和狼都在题目里，那么中间是用"和"好，用"杀"好，用"诈"好，还是用"计取"好呢？

生："诈"好。

师：为什么用"诈"好啊？

生：用"诈"的话，可以写出屠夫是骗人的。

师：对。"诈"可以写出屠夫的狡猾。这位同学的关注点挺好，因为你用什么样的动词就表达了作者什么样的情感取向，对不对？我们今天读了两篇《狼》，遇到了两类狼、两个屠夫。大家想一想，也可以就近讨论一下，这四个形象之间哪个跟哪个最相似？

（生纷纷表达观点。）

师：谁和谁？

生：狼甲和屠乙。

师：他们的相似点是什么？

生：（齐）狡猾。

师：只有狡猾吗？

生：（齐）贪婪。

师：既狡猾又贪婪。这四个形象之间除了两个是相似的，其他形象之间是什么关系呢？

生：屠甲和狼甲是对比。

师：是怎么对比的？

生：一个是勇敢。

师：噢，一个是勇敢，还有一个是什么？

生：狡诈。

师："狡诈"和"勇敢"形成对比吗？什么叫对比？你白我黑是对比，"你白我胖"是不是对比？狼甲"看似狡猾，其实愚蠢"，对不对？

生：愚蠢和机智对比。他们最鲜明的对比是什么？

生：狼的贪婪和屠夫甲的善良。

师：还有对比吗？

生：屠甲和屠乙。

师：两个屠夫是不是对比？

生：（部分）不能。

生：（部分）能。

师：第二个屠夫和第一只狼是相似的，第一个屠夫和第一只狼可以对比，两个屠夫是不是可以对比呢？屠夫之间能不能对比？

生：是的。

师：还有对比吗？

生：屠甲和狼乙。

师：第一个屠夫和第二只狼是不是对比呢？这主要看第二只狼是不是贪婪？它贪婪吗？

生：贪婪。

生：它想吃肉。

师：也有道理。狼一般都是贪婪的。狼不吃肉吃什么呢？狼吃肉就是贪婪吗？什么是贪婪？黄老师觉得为了满足自己而伤害别人，或者是为了得到不该得到的东西而不择手段。狼，作为一个族类，它不吃肉怎么办？狼乙和屠乙构不构成对比，这个有争议，有争议不要紧，我觉得这只狼很无辜，这个屠夫很残忍、很狡猾、很贪婪，是吧？

好的，要下课了，今天我们学了一篇小说，读了两则《狼》，了解了两只"狼"，也了解了两个"屠夫"。

读小说，就是去读懂人生、人性。今天，同学们读了这两篇小说有什么感触呢？我想让同学们写一个句子。（PPT展示：有时候，人比狼更狡猾。遇到狼，并不可怕，_____。）各位同学都应该在笔记上写一写读了这两篇小说后的感想。这位同学来说一下。

生：有时候，人比狼更狡猾，遇到狼并不可怕，可怕的是怕狼的心。

师：可怕的是什么？

生：怕狼的心。

师：就是说，怯懦、慌张就会被狼伤害。这个同学是从课文内容出发的。

生：有时候，人比狼更狡猾，遇到狼并不可怕，最可怕的是遇到像狼一样的人。

师：最可怕的是遇到像狼一样的人，她说得更深刻一点。还有没有同学想说一说自己的感想？

生：有时候，人比狼更狡猾，遇到狼并不可怕，狼遇到人才是可怕的。

师：你觉得"狼遇到人"比"人遇到狼"更可怕，是吧？有道理。今天，很多狼被人消灭掉了。大概这个世界最可怕的就是狼一样的人。这也是黄老师写的这篇小说的主题。

《出师表》教学实录

师：今天上课的题目是？

师生：出——师——表。

师：课文看了吗？

生：看了。

师：有没有同学看过课文并背过了？

生：有。

师：那我指定一个段落你背背看？宫中府中，俱为一体……

生："宫中府中……使内外异法也。"

师：不错。我说前半句你接后半句，可以吗？"受任于败军之际……"

生："奉命于危难之间"。

师："诚宜开张圣听……"

生："以光先帝遗德……以塞忠谏之路也。"

师：很好。学文言文有一个很重要的经验，就是尽可能多背一点。现在，我们来看题目。"出师表"的"出师"是什么意思？

生：出征的意思。

师：是谁要出征？

生：诸葛亮。

师：诸葛亮出征去打谁？

生：打曹贼。

师："表"是什么意思？

生：表是一种文体。

师：是一种什么样的文体？

生：是一种写给皇帝看的文体。

师：是什么人写给皇帝看的？

生：是大臣写给皇帝看的。

师：对，表是一种文体，是奏章的一种类型，是大臣写给君主看的。我们这篇课文的大臣是谁？

生：诸葛亮。

师：君王是谁？

生：刘禅。

师：对。我们首先来看看诸葛亮是个什么样的大臣。

生：我印象中的诸葛亮是个忠臣，因为他21年一直在辅佐着刘备和他儿子刘禅，想要帮他们完成统一大业。

师：课文中的哪些段落可以让我们看到诸葛亮是个忠臣？

生：第6自然段到第7自然段。

师：从哪些句子可以看出他是个忠臣？

生："受命以来，夙夜忧叹，恐托付不效，以伤先帝之明，故五月渡泸，深入不毛。"表现了他想要完成刘备交给他的遗命，并为之奋斗。

师：好的。我们读课文要注意它的注释和旁批。第一处旁批是"从形势危急落笔，激励后主继承遗德，发奋图强"，这里写的是当时的背景。下一处旁批中有四个字"劝勉之一"，是劝刘禅干什么？

生：开张圣听。

师：第二处劝他干什么？

生：赏罚公平。

师：第三处劝他干什么？

生：亲贤远佞。

师：哪一个旁批告诉我们诸葛亮是忠臣？

生："表明鞠躬尽瘁，兴复汉室的心迹。激励后主自立自强"这一处。

师："鞠躬尽瘁"是什么意思？

生：表明他竭尽忠心。

师：还有没有其他句子表明他的忠心？

生：庶竭驽钝，攘除奸凶。

师：是啊。尤其是哪个词？

生：庶竭驽钝。

师："庶竭驽钝"是什么意思？"庶"是什么意思？

生："庶"表示希望。

师："庶"表示希望吗？我觉得可以是，也可以不是。如果意思是希望，后面应该补充一个内容：希望谁？

生：自己。

师：非常好。"驽钝"是什么意思？

生：自己的才能。

师：对，这句话既是谦虚的说法，也是比喻的说法。如果"庶"不是希望的意思，我们可以翻译为：我一定会竭尽我的才能。批注非常明确地告诉我们：这一段写了诸葛亮鞠躬尽瘁、死而后已。还有哪一段也能看出诸葛亮的忠心？

生：第6自然段。

师：请一位同学读一读第6自然段，其他同学也看看从哪个词能看出诸葛亮的忠心耿耿。

生：（读）"臣本布衣……尔来二十有一年矣。"

师："先帝不以臣卑鄙"的"卑鄙"与我们现在所说的"卑鄙"相同吗？

生：不同。

师：对，现在是形容一个人的品格低下，这里是说地位低下。"先帝不以臣卑鄙"的"以"是什么意思？

生：因为，也可以是"由于"。

师："以伤先帝之明"的"以"是什么意思？

生：导致结果。

师：是的，是"以致"的意思。

师："咨臣以当世之事"中的"以"是什么意思？

生：用。

师："故临崩寄臣以大事也"，这个"以"是什么意思？

生：把。

师：这篇课文的很多句子中有"以"字，基本涵盖"以"的各种用法，大家课后好好整理一下，特别是一些关键句子中的"以"字要能够落实它的意思和用法。

师：一个词不论是实词还是虚词，在文章中反复出现的都要梳理。还有哪些词句能表现诸葛亮的忠心耿耿？

生："遂许先帝以驱驰。"

师："驱驰"是什么意思？

生：诸葛亮要为他效力。

师：像马一样，为蜀汉竭尽自己的才能。其他同学呢？

生："尔来二十有一年矣"，他坚持了21年，也表现出他的"忠"。

师：不仅是坚持，而且是在一个特殊的环境中坚持。什么环境呢？

生：败兵之际。

师：对，如果是胜利的话，很容易坚持。但他们当时处在危难中，长达21年且毫不动摇，很不容易。

师：刚才我们比较细致地读出诸葛亮是一个忠臣，《出师表》是一个鞠躬尽瘁的忠臣写给君主的一篇奏章。但是，很多人还从《出师表》中读出诸葛亮的另一重身份，读出他和刘禅之间的另一种关系。诸葛亮在这里不仅仅是一个大臣，还有一个什么样的身份呢？

生：相父。

师："相父"是什么意思？

生：是指刘备死后，诸葛亮对刘禅很照顾，刘禅把他称为相父。

师：你从哪里看出来的？

生：课外资料上。

师：看来这位同学课外看了很多书。《三国志·诸葛亮传》中的确有记载，说刘备临死之前对诸葛亮说，如果刘禅不行，你就自己做君主，又对刘禅说，"汝与丞相从事，事之如父"，意思是，你对待丞相要像对待父亲一样。大家能从《出师表》里发现根据吗？

生：第8自然段。

师：读一读，说说你的根据是什么。

生："愿陛下托臣以讨贼兴复之效……臣不胜受恩感激。"

师：你从哪些句子里读出诸葛亮像个父亲？

生："陛下亦宜自谋。"

师：把它翻译一下。

生：陛下也应该自行谋划。

师：你要多动脑筋，不要依赖别人。这像是父亲说的话，好的。

生："陛下亦宜自谋，以咨诹善道，察纳雅言，深追先帝遗诏。"

师：这又怎么说他像父亲呢？

生：就像父亲给儿子讲道理一样。

师：大家觉得有没有道理？我觉得是有道理的。"以告先帝之灵"，这个"以"是什么意思？

生：目的。

师：是什么目的？是告慰先帝。非常好，这个同学从这里读出诸葛亮还有一个父亲的角色。如果是父亲，这封信是写给谁的？

生：儿子。

师：有没有同学不同意他的意见？从诸葛亮给刘禅讲治国的道理，就能判定诸葛亮还有一个父亲的角色吗？什么角色最擅长给别人讲道理呢？（学生没有反应）

好的，还有人从《出师表》中读出诸葛亮的第三种角色。我们班有没有同学读出来？

生：诸葛亮还是一个谋士。

师：诸葛亮本来就是谋士，这个大家肯定都同意。具体说说，你从哪里看出他是一个谋士的？

生："亲贤臣，远小人，此先汉所以兴隆也。"诸葛亮告诫刘禅要亲近贤臣，远离小人。

师：他用历史教训告诉刘禅该怎么用人。这是一个谋士。可以说，通篇都能体现他是一个非常尽职尽责的谋臣。有没有同学还能从书本上读出诸葛亮的其他角色?

生：我还读出他是一个老师。

师：你的意思是，诸葛亮不仅是个忠臣、相父，还是个老师。你从课文哪些地方读出诸葛亮像个老师的?

生：整篇文章他都在教刘禅怎样对待部下，怎样治理国家，我觉得他像老师一样。

师：具体说说你从课文中哪个段落、哪些句子看出诸葛亮像个老师?

生：第2自然段写道："宜付有司论其刑赏，以昭陛下平明之理，不宜偏私，使内外异法也。"这里是一处细节，是他在教导刘禅应该赏罚分明。

师：好的。这段话中哪个词是只有老师才会说、才能说的，作为大臣则不能这么说。

生：我认为是"不宜"。

师：噢，"不宜"，这个词怎么翻译呢?

生："不宜"是不应当、不应该的意思。

师：对。和"不宜"相对的是什么词?

生：是"宜"。

师：同学们圈画一下，这里有几个"宜"、几个"不宜"?

生：有两个"不宜"和一个"宜"。

师："不宜"是不应该，"宜"是应该。如果是一位大臣在跟君王说话，能不能说君王你"应该"做什么、怎么做?

生：不能。

师：对。只有老师会这么说。

师：非常好。刚才同学们抓住了一个语言细节，就是"宜"和"不宜"。其实，下面的3、4自然段，虽然表述得稍微含蓄一些，但也有这样的潜台词。你们觉得应该在哪个地方补上一个"宜"或"不宜"呢?

（师读3、4自然段。）

师：我们先来落实一些字词的理解。"是以先帝简拔以遗陛下"中的"是以"是什么意思?

生：我觉得这里是宾语前置的用法，应该翻译成"以是""因为这些"。

师：那么，哪些地方可以补"宜"？

生："愚以为宫中之事，事无大小，悉以咨之"中"悉"的前面。

师："宜悉以咨之"，翻译是：我认为宫中的事务，无论大小，都应该拿来问问他们。非常好。"悉以咨之，必能使行阵和睦，优劣得所"，这个"和睦"和现在说的"和睦"，意思相同吗？

生：不同。

师：现在的和睦是什么意思？

生：关系很融洽。

师：文中"和睦"的意思是什么？

生：应该是军队行列整齐。

师：对了，就是部队整齐划一、听从号令。这里的"宜"该放在哪里？

生："悉以咨之"的前面。

师：嗯，也是"悉"的前面。"宜悉以咨之"，应该都用来向他们咨询。大家有没有注意到，下文中有一个词和"宜"的意思非常接近？

生：第5自然段中的"愿陛下亲之信之"的"愿"。

师：很有道理。"愿"是什么意思呢？

生：希望。

师：我希望你怎么样，你应该怎么样，这都是老师经常对学生说的话。刚才有同学说诸葛亮是谋士，谋士能不能这样说呢？

生：不能。

师：尽管谋士也帮助国君出谋划策，但只能是建议；老师不同，是教导。所以，只有老师才会经常说你应该怎样、不应该怎样，我希望你怎样不要怎样。你们老师，尤其是班主任也经常这样说吧？

生：是的。

师：前面有同学说诸葛亮像个父亲。他的根据也主要是"愿陛下托臣以讨贼兴复之效……臣不胜受恩感激"，主要理由也是"陛下亦宜自谋"这些句子。那么，一个父亲能不能对国君说你应该怎样、不应该怎样呢？

第六课　文言文教学　／　217

生：可以。

师：似乎是可以的，但原则上又是不可以的。因为教育儿子如何做国君不是一个父亲的主要责任，就像今天父亲的主要责任不是教孩子学习一样。国君老师的职责就是指导国君如何做一个好国君。当然，有的父亲本来就是一个治国的老手、英明的国君，则另当别论。

当然，诸葛亮这三重身份能不能截然分开呢？

生：不能。

师：哪些句子里融合了诸葛亮大臣、老师和父亲的三重角色？

生：第5自然段中的"侍中、尚书、长史、参军，此悉贞良死节之臣，愿陛下亲之信之，则汉室之隆，可计日而待也"。首先，"此悉贞良死节之臣"更像一个老师说的话，告诉他哪些人是值得信任的。"汉室之隆计日而待"体现了他是个忠臣。

师：有道理。这句话主要是从国家兴盛的角度分析的。

生：还有，"愿陛下亲之信之"是像父亲的口吻。

师：嗯，"愿"就是"我希望你"，又有一点父亲的味道。应该说，"愿"和"宜"更多的是表现他老师的身份。我们再来听听这位同学的看法。

生：我觉得"诚宜开张圣听，以光先帝遗德，恢弘志士之气，不宜妄自菲薄，引喻失义，以塞忠谏之路也"一句中，"诚宜开张圣听"像父亲说的话；"以光先帝遗德，恢弘志士之气"及后面的句子，是老师对学生的要求。

师：请坐。你说得很有道理。这些句子的确融合了老臣、父亲和老师的三重身份。大家有没有发现，大臣的口气，更多的是恭敬；老师的口气，更多的是要求；父亲说话和老师说话的口气相近，但老师更多的是讲道理，父亲更多的是情感立场。

黄老师觉得第八小节也是典型的三种身份的融合，下面我来读读这段，大家说说对这三种身份融为一体的理解。

（师读第8自然段。）

师：好的。请大家说说你们的理解。

生:"愿陛下托臣以讨贼兴复之效,不效,则治臣之罪,以告先帝之灵",我感觉这句话是忠臣的角色。

师:对的,你把这个重大的任务交给我,如果没有成功,你就惩罚我,衷心可鉴。还有呢?

生:"陛下亦宜自谋,以咨诹善道,察纳雅言,深追先帝遗诏。"这应该是老师和父亲融合的角色。

生:"臣不胜受恩感激",这明显就是大臣的口气。"不胜""受恩""感激"写出了大臣的小心翼翼,态度很诚恳。

师:很好。我们从《出师表》中读出诸葛亮的三重身份。这篇文章是大臣、父亲、老师写给君王、儿子、学生的信。这个君王、儿子和学生,他叫什么名字?

生:刘禅。

师:刘禅是历史上一位很有名的君王,你能从课文中读出刘禅是个什么样的君王吗?

生:第8自然段"陛下亦宜自谋,以咨诹善道,察纳雅言,深追先帝遗诏",说明刘禅平时是个不喜欢动脑筋的人。

师:这个同学从字里行间读出一个不动脑筋的刘禅。其他同学呢?这个同学,你读出一个怎样的刘禅?

生:刘禅是个偏向宫中的人。

师:你从第几段读出的?

生:第2自然段"宫中府中,俱为一体;陟罚臧否,不宜异同"。

师:对,看看书下注释中"陟罚臧否"是什么意思?大家读一读注释。陟:提升,提拔。罚:惩罚。臧否:善恶,这里形容词用作动词,意思是"评论人物的好坏",可以看出刘禅平时偏向于宫中,赏罚不分明。

师:这位同学,你来说说你看出一个怎样的刘禅。

生:不善用才的人。

师:很好,请坐。我估计同学们再读下去还能读出刘禅更多的特点。总而言之,我们可以看出刘禅作为一个君主、儿子、学生,是让人不放心的。

所以，诸葛亮出师之前也很不放心，写了这篇《出师表》。可以从哪个句子看出他很不放心？

生：从最后一段的"临表涕零"。

师：好的，请坐。现在大家读一读最后一段。

生：（齐读）"今当远离，临表涕零，不知所言。"

师：诸葛亮写完《出师表》，再读一遍，泪流满面。苏轼也说过，如果哪个人读《出师表》不流眼泪，肯定不是忠臣。你们觉得诸葛亮和苏轼读到哪个地方泪流得会最多？

生：第6自然段。

师：好，你读一读。

（生读第6自然段。）

师：你们眼泪流下来了吗？没有？当然，我们不是诸葛亮，距离那个时代也很远。但我觉得这位同学是非常有道理的。他写到这里，回忆起当年与先主一起创业的艰难，于是眼泪就出来了。下面我们来看"不知所言"。他为什么会不知所言呢？如果让他言，他还会言什么呢？

生：更多的东西。

师：就是说他还没有写完。这是一种理解。大家想一想，我们说"不知所言"，是不是说没写完呢？

生：不是。

师：那你认为是什么？

生：是因为他写《出师表》时情绪激动，所以"临表涕零"。

师：感情激动，所以不知道该说什么。这是又一种理解。

生：作为父亲，他对刘禅感情深重，所以在走的时候不知道该说些什么来表达自己的感情。

师：其他同学还有想法吗？还有什么角度？

生：我觉得有可能是因为刘禅的不负责任，然后诸葛亮也不知道该说些什么。

（全场笑。）

师：面对这么一个傻儿子，实在不知道该讲些什么。现在，大家切身体会一下，请你选择一个身份，要么以大臣的口气，要么以父亲的口气，要么以老师的口气，对这个愚钝的君主、傻儿子说一句话。你会怎么说？

生：我要以忠臣的身份来说。

师：好的，说说看。

生：陛下，我会竭尽我平生所能，辅佐你统一汉室，走向更加美好的明天。

师：挺好的，首先好在称呼上。用忠臣的口气说话时，他用了"陛下"，这就对了。然后，他后面用了"我"，这就不太好了，应该是"陛下，臣会竭尽所能，鞠躬尽瘁"。但是后半句不太妥，"走向更美好的明天"太现代了，应该是"振兴汉室"。是这样的吧？

很好，请坐。大家想一想，如果用父亲的语气来说，会是怎么样？如果用老师的语气呢？

生：陛下啊，臣定当鞠躬尽瘁，平定中原。

生：刘禅同学，我现在要出师北伐了，你在这边要学会治国之道，广纳贤言，任用贤臣，成为一代明君。

师：非常好。有没有同学用父亲的口气来说的？

生：儿啊，你要谨遵我的教诲，不然我死也不会瞑目啊！

（全场笑。）

师：那就是一定要听爹的话。其他同学有没有想说的？

生：我想用父亲的语气来说。儿啊，你一定要聪明一点，长个心眼，看清身边的人是否真的对你好。

师：那就是要知人善任。你呢？

生：老师的角色。刘禅，我继承你父亲的衣钵在外拼搏20余年，有这么多的将领追随我们。你一定要励精图治，发愤图强，不要辜负我们对你的期望。

师：说得很好，"继承衣钵"不太恰当。诸葛亮和刘备之间没有继承关系。"出师未捷身先死，长使英雄泪满襟。"诸葛亮忠心耿耿，辅佐汉室，成为千古佳话。这三种角色，互相纠合，情感复杂，内容丰富。《出师表》是一篇经典奏议,也是一篇千古名文。大家一定要好好读、反复读、慢慢读、细细读,还会有非常丰富的发现和收获。

好,下课,谢谢各位同学。

第七课

实用文教学

我的说法

基于有用的阅读和教学

《普通高中语文课程标准（2017 年版）》的具体结构安排中就有专门的"实用性阅读与交流"学习任务群，并指出："本任务群旨在引导学生学习当代社会生活中的实用性语文，包括实用性文本的独立阅读与理解，日常社会生活需要的口头与书面的表达交流。通过本任务群的学习，丰富学生的生活经历和情感体验，提高阅读与表达交流的水平，增强适应社会、服务社会的能力。"很显然，"实用性语文""日常社会生活需要""适应社会、服务社会的能力"等关键词明确告诉我们，实用文的阅读和教学目的在于"有用"。具体来说，这里的"有用"包含这样几层意思：一是对学生学会独立阅读实用性文本是有用的，二是对学生的日常生活是有用的，三是对学生提高阅读与表达交流的水平，增强适应社会、服务社会的能力是有用的。

然而，在实际教学过程中，实用文阅读教学存在诸多不当之处。

一是教学定位短视化。因为高考考查实用类文本的可能性不大或者比例不大，平时教学中很多教师就不予重视，甚至不教。有些省份近年来高考的现代文阅读，都是考查的文学类文本和论述类文本，实用类文本渐渐成为被遗忘的角色。高考命题的这一取向，直接投射到日常教学中，导致许多教师对教材中的实用类文本采用少教甚至不教的方式。教学定位的短视化使教学内容、教学手段等随之出现窄化的现象。

例如，苏教版必修二的"和平的祈祷"专题有一篇《图片两组》，它是图文结合的非连续性文本类实用文。《江苏省普通高中课程标准教学要求》规定其"课程目标"为：对战争与和平进行历史的、辩证的思考；在阅读中了解图片的基本特征及主要表现手法。在其"学习要求"和"教学建议"部分写道：特别应了解图片用画面来表现主题、用镜头来表明立场和观点的特点；教学《图片两组》要正确指导学生"读图"，能具体地叙述图片内容，分析图片的内涵，理解图片主题，抓住图片的细节进行鉴赏。在如今"读图时代"，可以说课程标准对教学要求的定位是相当精准的，是对学生未来负责的。然而，唯一的一篇文本却也有许多教师忽略不讲，只因高考不考这方面的题目。

二是文本分析文学化。文学作品的阅读可以说"品其言才能会其意"，实用类文本的阅读可以说是"得其意可以忘其言"，重在把握内容、获得信息。目前，许多教师处理实用类文章与讲授小说、诗歌等文学类文本的方法没有多大区别，教师在设计实用类文本的阅读教学时，仍然离不开文学类文本的教学思维，更多地将关注点放在对文章语言的品味与鉴赏上，忽视了实用类文本阅读教学的特殊性。实用类文本的教学采用文学化的分析手段，文体特征不明显，可以说是当下实用类文本阅读教学中较为突出的一个问题。

《说木叶》是高中教材中的一篇文艺学论文，它借对诗歌中的"木叶"的例说，着重分析中国古典诗歌用"木叶"而不用"树叶"，又由"木叶"发展为"落木"的原因，从而阐发古典诗歌语言富于暗示性的特质。作为一篇实用文，学习应该重在理解作者的观点及其说理的思路。但许多老师在讲这篇文章的时候，用了文学的"体悟法"，重点让学生理解体验文章引用诗句的"意境"，进而体验其他意象的内涵，诸如"月""梅""柳""杜鹃""草"等意象的艺术特点。有些老师的教学目标就是这样定位的：（1）了解中国古典诗歌语言富于暗示性的特质，进而提高鉴赏古典诗歌的能力；（2）了解中国古典诗歌意象的相对稳定性特点，提高对古典诗歌的理解力和领悟力；（3）能运用本课所学知识及获得的能力分析诗歌同类现象。然而，实际教学结果正如有的老师反思的那样，学生并没有迁移形成较高的诗歌鉴赏能力。其实，这篇课文虽然大量地引用诗句，可是作者对这些诗句背后的意境所指都作了分析，都是作为例证材料来用的，是为了佐证作者的观点。教者对这些诗句的讲解应该区别于文学鉴赏类的诗句品析，不要作过度的文学化解读，而应遵循实用文教学的基本规律。

三是阅读指导应试化。许多教师在授课时局限于对文本的命题化研读上，重在答题技巧的研究与训练上，而忽视了实用类文本所应有的"有用"的教学价值。实际教学过程中，甚至有许多教师直接用习题研究代替了文本研读，以练代教，直接拿高考试卷或模拟试卷中的实用文阅读题练习与讲解，以此教学实用类文本，这样的教学策略是不恰当的。长此以往，学生就会养成错误的阅读方式，以为实用文阅读的目标仅仅是筛选、提取信息，而信息的筛选与提取又被粗暴地认为是记住一些事实性知识。

《在马克思墓前的讲话》是高中课本中的一篇悼词。1883年3月17日，在伦敦海格特公墓为马克思举行的葬礼上，恩格斯发表了这篇著名的悼词。这篇悼词对马克思的一生作了精要的总结，并予以极高的评价。在教学中，我们要引导学生理解作者，理解客观而冷静的评述背后蕴含的浓烈而克制的情感，理解选择这样的叙述方式是为了更好地展示马克思的伟大贡献，更好地表达对马克思崇高的敬意和深切的悼念之情，也是为了号召全世界无产阶级踏着马克思的足迹继续前进。而我们有些教者简单粗暴地将这篇著名的悼词只作为一般的语言分析材料来运用，把对文本的解读与感悟"简化"为如下的一个个语言训练题：（1）马克思"作为科学家就是这样。但是这在他身上远不是主要的"，其中"这"指代什么？"主要的"究竟指什么？（2）"因为马克思首先是一个革命家"这个过渡句的作用是承上、启下、既承上又启下？为什么？（3）第7自然段第二句中的判断谓语"是"的主语是什么？宾语是什么？这一句中，"第一次"说明了什么？为什么？（4）马克思的科学理论与他的革命实践的相互关系是什么？诸如此类的训练题充斥课堂，我们又怎能让学生感知到马克思的伟大形象，体会到恩格斯深沉而浓烈的情感？这样的教学是与悼词（演讲词）教学的基本原则相悖的。

我们认为，实用文的阅读教学必须立足其文体特点和课程价值，体现"有用"的原则。具体说，要特别注意以下三个方面。

1. 基于写作目的解读文本内涵

实用文写作的目的，是解决实际问题，或者说是指导和帮助人们认识世界和解决现实中的问题。它提供的解决问题的方式，就是陈述或介绍相关的规则与原理，这是实用文与文学类作品的最大区别，也可以说实用文具有"劝说"的特征。只有把握作者的"劝说"立场，准确解读文本，才能谈得上发挥文本的"有用"价值。任何一篇实用文章，都隐含着一种对读者"劝说"的立场。科普文章，劝说读者相信作者所介绍的知识是真的；社科文，劝说读者相信其结论；新闻，是要读者相信其新闻事实的真实客观性；演说辞，劝说读者与作者或演说者一道采取行动；说明书、指导手册文章，劝说读者相信其介绍的行为、步骤的有效性；等等。因此，实用文教学时，我们首先要基于作者的写作目的，把握作者的劝说立场，准确地解读文本内涵。

例如，苏教版必修五中的《足下的文化与野草之美》是景观设计师俞孔坚对广东中山岐江公园的设计手记。景观设计是艺术的，也是科学的，在设计时不仅要考虑艺术观赏的审美效果，还要考虑到气候特征、地形地貌、建筑学、环境保护等科技因素，是科学与美的结合。这篇文章向读者展示了一个富有个性的公园景观设计，表现的是珍惜当下的文化、平常的文化和因为平常将逝去的文化的设计理念，表达了设计师追求时尚之美、工业之美、野草之美以及人性之真的思想。

讲授这篇文章的时候，重点应该放在"理解"作者的理念上，让学生借助说明文的一些知识去理解作者，理解作者的设计理念。在理解作者的设计理念基础上，进而观照我们的生活，让学生试着理解身边的景观、公园、公共设施等，从而培养学生在日常生活中的思辨能力和审美能力。实际教学中，许多教师没有能引导学生好好地理解和把握作者的观点，而是把这篇文章当作一篇文化反思的散文来对待，把对当前的一些文化理念的批判与反思作为重点，这显然是不恰当的，与作者的创作目的相悖。

再如，现代著名作家梁衡写的一篇名为《晋祠》的文章，被选入多个版本的中小学语文教材，作者笔下的"晋祠"是自然与文化的融合体。梁衡《晋祠》一文的教学就出现两种版本：一是把《晋祠》当作散文进行教学（体悟晋祠的美）；二是把《晋祠》当作说明文进行教学（了解晋祠的特点）。①其实，到底以什么样的文体样式教授这一文本，我们最应该尊重作者的表达意图。从文本来看，作者主要是向人们推介名胜"晋祠"的，而不是重在分享"独特的情感认知"，我们将它作为实用文来处理是恰当的。于漪老师讲《晋祠》就是当作说明文来讲的。第一课时，她的总思路是在词典与文本对晋祠的比较中，牢牢抓住晋祠这一说明对象，围绕说明方法展开教学；第二课时，她主要抓住作者在第1自然段写的"历史文物与优美的自然风景，这就是晋祠"这句话，展开对本文逻辑顺序的教学。②而许多教师将这篇文章当作散文来教学，显然是不够恰当的。

2. 基于阅读需求确定教学内容

让学生学会阅读是阅读教学的基本任务之一。学会阅读也是学生日常社会生活的需要，是落实课程标准"提高阅读与表达交流的水平，增强适应社会、服务社会的能力"的需要。因此，实用文的阅读教学就是教会学生如何基于自己的需要进行阅读，而不是为了完成题目、寻找答案和获得分数去阅读。依据当前国内外对实用文阅读方式的研究成果，从学生阅读需要的角度来看，实用文主要有理解性阅读、操作性阅读、批判性阅读、研究性阅读等类型。③因此，实用文阅读教学的实施一定要从学生的实际出发，基于学生的阅读需求，科学地确定教学内容。

理解性阅读又称"分析性阅读"，它是文章阅读的主要类型，目的是让读者读懂作者说了什么。例如，冯友兰的《人生的意义及人生的境界》就是典型的理解性阅读文本。作者所说的哲学观点，与学生的认知经验是有距离

---

① 周文娟.实用类和散文类阅读教学价值取向的反思——于漪《晋祠》教学课例[J].文山学院学报，2017（4）.

② 同①。

③ 王荣生.实用文教学教什么[M].上海：华东师范大学出版社，2014.

的，教学就要通过搭几个台阶来弥补学生认知的不足，从而让学生准确地理解作者的基本观点，达到能用自己的话来转述作者的基本观点。在实际教学中，许多教师处理这篇课文时是不够恰当的，经常的做法是让学生去找观点句、中心句和识别论证方法，以为找到作者所说的四重人生境界的表述，学生也就理解了作者的基本观点，然后让学生脱离自身生活实际大谈特谈一些人生感悟。其实，"找到"与"理解"之间是有很大差距的，"找到"只能说是得其"形"，而未必能会其"意"，我们要在"形""意"的连接上下功夫。只有建立了"形""意"之间沟通的通道，才能说是理解了文本。

阅读的本意是接纳，是丰富我们的经验，拓展我们的见识。然而，作为能动的阅读主体，我们的接纳是有条件的，是带着批判性眼光的。批判性阅读要借助批判性思维，它包括对文本观点相关证据的评估，并最终从这些证据中得出合理的结论。批判性阅读涉及互为关联的两个方面：一是阅读对象，二是阅读主体。着眼于前者，批判性阅读的重点是对文章内容进行客观公正的评估，我们不妨将其称为"评估性阅读"。着眼于后者，批判性阅读的重点是对读者的观念和思想进行理性反思，亦可将其称为"反思性阅读"。批判性阅读的一个基本原则是先理解再评论，从中也可以看出批判性阅读是理解性阅读的深入与发展。例如，学生在学习冯友兰的《人生的意义及人生的境界》时，理解作者的基本观点以后，再用作者的哲学观点来反观自己与社会，这就可以说进入了批判性阅读的层面。

研究性阅读指以研究问题为目的的资料阅读，它大致包括两个方面：一是综合运用"理解性阅读"和"批判性阅读"，理解和评估别人的研究成果；二是在"接受"的基础上谋求"创造"，或在别人研究的基础上对问题作进一步研究，或应用别人的研究成果研究相关问题，或受别人研究的启发提出新问题并研究。研究性阅读是"双线"并进的阅读：一条是我们对"作者的问题"的理解线路，另一条是我们对"自己的问题"的思考线路。例如，王荣生教授在其编写的教材中选用了日本学者佐藤学的一篇文章《产生主体性假象的温床——教学中的形式主义》，从研究性阅读的角度设计学生的学习活动，主要有两大内容：一是通过三个问题的追问让学生认识社科文写作的对话性质；二是通过几个步骤的活动，让学生体验研究性阅读的对话过程。

操作性阅读的对象是讲述做事方法和行为方式的文章，其重点是在"怎么做"，或直接说明操作方法、行为规则，或通过做事原理、行为机制的阐述，指导人们合理地进行实践活动。操作性阅读不仅是掌握知识，更重要的是去做、去实践。操作性阅读文本在教学中并不多，然而在学生的生活中却是普遍存在的，日常所看的说明书之类就可以说是操作性阅读材料。另外，在其他学科的教材中，也有操作性的阅读材料，如理科的实验操作材料。

3. 基于体式特征选择教学策略

阅读其实是一种"体式思维"，阅读能力也都是具体的，是和阅读对象相关联的。前面所说的理解性阅读、批判性阅读、研究性阅读和操作性阅读等都是侧重学生的阅读需要来分类的，强调阅读的目的，凸显阅读的取向。实用文教学有必要进行侧重阅读对象方面的分类，以此凸显实用文的体式特征，更加高效地实施阅读与教学。王荣生教授认为："阅读方法与文本体式相关联。不同体式、不同类型的作品，应该看的地方不一样，看出来的内容也不一样。好的阅读教学，往往基于合适的文本解读，不那么好的阅读教学，究其原因往往是不顾文本体式，采用了莫名其妙的解读方式、阅读方法。"①实用类文本想取得好的教学效果，还要因"体"而异，因"类"施教，根据文本的体式特征合理选择教学策略。

《普通高中语文课程标准（2017年版）》将"实用性阅读与交流"的具体学习内容规定为：可选择社会交往类的，如会谈、谈判、讨论及其纪要，活动策划书、计划、制度等常见文书，应聘面试的应对，面向大众的演讲、陈述和致辞；也可选择新闻传媒类的，如新闻、通讯、调查、访谈、述评，主持、电视演讲与讨论，网络新文体（包括比较复杂的非连续性文本）；还可选择知识性读物类的，如复杂的说明文、科普读物、社会科学类通俗读物等。

鉴于实用类文本的多种样式，我们对新闻、科学小品、演讲词、调查报

---

① 王荣生.实用文学教什么［M］.上海：华东师范大学出版社，2014.

告四种常见的实用类文体的教学作分类梳理，以期达到"窥一斑而知全豹"的效果，能让大家更好地体悟实用类文本阅读教学的要领。

随着信息社会的迅猛发展，手机、网络、电视、广播、报纸、杂志、各种交友平台等媒体交互作用，每时每刻都有无数的新闻扑面而来，我们的生活也越来越离不开新闻。对于喜欢追求新鲜事物的中学生来说，每天发生的各种新闻具有巨大的吸引力，时刻在吸引着他们的眼球，刺激着他们的兴奋点，也考验着他们辨识真伪、快速掌握信息的能力。从现实来看，新闻类作品与学生的生活有着密切的联系，它的教育价值也就显得非常重要。

新闻有广义与狭义之分，广义的新闻包括消息、通讯、新闻特写、深度报道等，狭义的新闻仅指消息。教材中涉及的新闻体式，主要是消息与通讯。新闻是一种语言陈述，是对事件的报道，通过语言等符号媒介加以传播而产生效应。在新闻阅读过程中，更多的是运用检视性阅读与批判性阅读策略。检视性阅读其实就是获取信息的阅读，也就是通常意义上说的快速阅读，要求读者以最快的速度获取文字表达的主要信息。批判性阅读即读者在了解了文本以后经过理性的评估对文本的内容与观点作出判断。这就要求新闻阅读教学依据新闻阅读的特点准确地选择教学内容与教学方式。

一方面，要依据"受众"的特点选择适宜的教学内容，培养学生做合格的"受众"，培养他们快速获取信息的能力；另一方面，要着眼于把学生提升为理性而具有批判意识的阅读者，提炼核心教学内容，让学生学会从报道的事实信息中分析鉴别其背后隐藏的信息，区分出新闻事实与新闻背景，辨析客观叙述与主观评价。

不妨看看王荣生教授主编的高中教材中关于新闻的教学设计。编者选取了两篇新闻，第一篇是《中国政府对香港恢复行使主权》，第二篇是《别了，不列颠尼亚》。第一篇中，教材设计了三个活动，第一个活动是重温香港回归这一时刻。通过让学生看录像，再现历史画面；通过让学生模仿播音员读新闻，体会新闻播报强调的是客观，它和我们读散文的方式不同。第二个活动是"整合与建构"。两篇新闻，一篇是再现历史时刻，一篇是一个新闻团队采集的不同新闻组合而成的多角度报道，让学生对这两篇新闻进行"整合与建构"。第三个活动是讨论香港回归的重大历史意义,让学生讨论新闻中哪些地方体现出重大的意义,目的是让学生把事实和评价区分开来,或者说让学生学会辨析事实陈述过程渗透的评价元素。第二篇是关于新闻结构的学习,要求学生自觉地按照新闻结构去读新闻,这是对初中所学的倒金字塔结构知识的进一步细化,让学生进一步了解新闻的标题和一般文章的标题有什么差别,新闻的开头和一般文章的开头有什么差别,新闻的材料组织和逻辑与一般文章的材料组织和逻辑有什么差别等。可以看出,编者在教学设计中充分关注了新闻的特性及受众的特点,以教学生会读新闻为基本追求,不重信息的识记,而重学生思维品质的培养,注重批判性阅读的思维含量。

在高科技飞速发展和科技知识亟须普及的当前,科学小品文已成为人们喜闻乐见的写作、阅读内容。科学小品文又称知识小品文或文艺性说明文,是用小品文的笔调,即借助某些文学写作手法,将科学内容生动、形象地表达出来。它具有科学性、生动性和通俗性的特征,一般短小精悍、通俗易懂、语言丰富多彩、形式生动活泼。它由从事科学技术工作的专家学者所写,目的是向非专业人士传播专业知识,介绍相关的规则与原理等。读这类文章能丰富知识、开阔视野、活跃思维,对培养学生的科学精神具有举足轻重的作用。

阅读科普文章有自身的一套规范和模式,教学中要引导学生在辨识文章基本内容的基础上,习得科普文章的一般性阅读模式。科普文章的阅读以理解性阅读为主,在教学中要把"课文内容"和"作者表达"结合起来,抓住它的特性展开教学,让学生依据它的表达特色完整而恰当地理解文章观点,培养学生科学探究的精神以及科学思维的品质。

例如,有位教师在教学《大自然的语言》时,发现这篇课文不像一般的说明文,所以不能把说明顺序、说明方法、准确而生动的语言等已经固化的教学内容作为这篇课文的核心教学内容,于是对该文的体式作了重新定位,认为这是一篇科学作品。他把课程标准和课文内容结合起来,从作者的写作意图出发,站在一个新的制高点上,确定了这节课的核心教学内容为"学习科学作品的求真精神"。这位老师围绕核心教学内容设计了两个核心学习环节：第一个环节是引导学生提取和筛选有关物候的知识，明白课文向我们说了什么，这是科学作品阅读教学的基础。第二个环节是体会作品中的求真精神。求真精神在表达上的体现是充分的论证、符合逻辑的思维、富有条理的结构及准确严密的语言。竺可桢在作品中充分列举实例来支撑自己关于物候学的观点，既强调一般规律又注意到了特殊情况，这就是科学作品的求真精神。可以说，这位教师注意到了科学小品与一般说明文的不同，在教学设计时也抓住了科学小品的"牛鼻子"。

　　演说辞是演说的底本，它的形成需要遵循演说的一般性要求与原则。演说辞的教学主要有两方面的任务，一是让学生担任演说者学习演说辞，二是让学生充任听众学习演说辞，从而培养学生"说"与"听"的能力。例如，我在讲授钱钟书《谈中国诗》这一演讲稿的时候，就做了三件事。第一件事是"砍"，也就是删减。先"砍"掉文章的前四节，再"砍"掉最后几节，但这样的"砍"不是简单的删减，而是通过这种方式让学生解读文本内容和形式。既解读被"砍"去的部分，也解读它们和全文的关系，而且贯穿抓关键句的阅读方法。对能"砍"的，要弄明白道理；不能"砍"的，也要弄明白道理；对文本主体部分的内容，也要弄清楚写了什么。第二件事是"加"，就是给文章的标题添加信息。活动基于文章主体内容是说中国诗的特点，让学生讨论题目应该怎么说才比较准确、全面。学生加的内容是"古代""泛谈""结构""特点"，于是文章标题成为"泛谈中国古代诗的结构特点"。第三件事是"减"，也就是还原，让学生讨论加上去的这些内容是否一定要加。经过讨论，立足演讲对象、演讲现场和特定内容，学生最终明白这些加上去的内容纯粹是多余的。[①]黄老师的这堂课上，我们看到的不仅仅是抓住文本内容及语言来探究，用语文的方式诠释钱先生演讲稿的魅力，更看到了在这看似随意的"砍""加""减"活动中，老师引导学生关注演讲的现场情境，重在看演讲者讲了什么、为什么这么讲、是给什么人讲的，充分体现文体文类的特征和文本解读中的角色意识。

---

① 黄厚江.你也可以这样教阅读［M］.南京：江苏教育出版社，2014.

可是，许多老师在教学演讲词时，没有能充分凸显文体特征。例如，一位老师教学《我有一个梦想》时，在介绍了作者及课文的背景之后，课堂上重点让学生合作讨论如下五个问题：（1）本文的题目是"我有一个梦想"，题眼是哪个词？（2）请同学们快速浏览课文，找出正面描述梦想的段落。（3）既然这些段落已经正面描述了梦想的内容，那么1—16段能不能删去？为什么？（4）反复朗读1—16自然段中最能打动你的句子、段落，了解其中表达的内容，品味蕴含的情感。（5）当今社会黑人在美国的社会地位怎么样？可以看出这位老师的教学设计对演讲稿的特性体现得不明显，角色意识淡薄，很难达成其应有的教学目标。

调查报告是对某一情况、某一事件经过去粗取精、去伪存真、由此及彼、由表及里的分析研究，揭示出本质，寻找出规律，总结出经验，最后以书面形式陈述出来的一种文本样式。它具有针对性、真实性、论理性等特点。这种文体在考试说明中虽有提及，但在考卷中却少有触及，教材中更是鲜有这样的文本。然而，这种文体在现实中的应用却非常广泛，在各行各业都有运用，具有超强的实用功能。

从核心素养的培养角度来看，调查报告教学的意义也是不一般的。调查报告的教学与实践可以说涉及核心素养的多个方面。俗话说"没有调查就没有发言权"，调查报告首先强调的就是科学精神。"调查"是获取信息的手段，也是一种学习方式，培养研读或写作调查报告的能力，可以说是"学会学习"的应有之义。调查报告往往是针对现实中的某一问题或现象而写的，可以让学生充分感受到"社会参与"的内涵，培养"责任担当"的意识。调查报告要发现问题、分析问题和解决问题，加强对"实践创新"素养的培养。

因此，在教学中不可忽视培养学生调查报告的阅读与写作能力。语文教学活动对调查报告的教学不可偏废，要在新课程理念的指导下积极创设"真调查""真学习"的环境，让学生在调查研究中获得"真能力"。

《普通高中语文学习任务群学习指南》中介绍了"农家书屋（社区图书馆）支持计划"这样一个活动案例，其学习目标包括以下几个：（1）浏览、学习关于农家书屋（社区图书馆）的杂志、调查报告、网络资源等，能够准确获取信息，把握计划书的格式和内容要求。（2）在小组交流和实地调查研究中，与老师、同学展开平等有益的对话，能够与校外人员进行准确而有效的口头和书面交流。（3）在阅读与调查的基础上，能够根据现实状况，经过充分讨论，合理规划方案；用简明的语言，写出符合规范的实用文。（4）在活动中培养学生的公民责任感以及解决问题的能力，养成反思的习惯。其任务学习设计由阅读与记录、调查研究、交流与写作、编写计划书和论证实施五个部分组成。[①]可以看出，这是一项综合性学习任务，它对学生的能力要求也是综合的，对学生素养的提升也是多方面的。

当然，实用类文本除了新闻、科学小品、演讲词、调查报告四种常见体式外，还有许多其他的类别，在此不作赘述。

总之，我们围绕培养学生的核心素养目标，遵循实用文的特点，牢记"有用"的基本原则，如此展开实用文的阅读与教学，也就能做到"从心所欲而不逾矩"了。

我的课例

《谈中国诗》教学实录

师：同学们，我们准备上课了。

课前我问了三位同学有没有看完课文，他们很诚实地告诉我说没有看完。不知道现在大家有没有看完，还没看完的请举手（学生举手），5分钟以内可以看完的请放下。

好的，我现在再给大家5分钟时间把课文看完，请同学们注意做一件应该做而还没有做的事。

[①] 陆志中，张克中. 普通高中语文学习任务群教学指南[M]. 北京：现代教育出版社，2018.

生：标序号。

师：给每段标上序号，一方面便于我们交流，另一方面利于厘清文章思路，不要认为标序号可有可无。（学生按要求看课文）

刚才有些同学已经看完了，现在还没看完的请举手。（没有人举手）现在，我检查一下大家的标段情况。全文有多少个自然段呢？

生：14个自然段。

师：有没有不是14个自然段的吗？

生：15个自然段。

师：标序号还是有学问的。有没有16个自然段的呢？（学生说有）有没有17个自然段的呢？（学生也说有）到底多少个自然段呢？先要弄清楚什么叫作自然段，什么情况标为一个自然段。

生：前面空两格。

师：对，非常简单，空两格表示一个自然段的开始。写文章是这样，读文章也是如此。

我想统计一下全班标段的情况：标13个自然段的同学请举手（部分同学举手）标14个自然段的有多少呢？（部分同学举手）标15个自然段的有多少呢？（很少学生举手）

看到大家举手的情况，我感到很遗憾。我们这么优秀的同学标一篇文章的自然段，标对的比例太低。现在，我们核对一下，第1自然段开始是"翻译者的艺术曾被比于做媒者的刁滑"；第2自然段开始是"诸位全知道《创世纪》里这个有名的故事"；第3自然段开始是"不幸得很，在一切死的，活的，还没生出来的语言里，中国文怕是最难的"；第4自然段开始是"中国文学跟英美人好像有上天注定的姻缘"；"什么是中国诗的一般印象呢？"是第5自然段；"据有几个文学史家的意见"是第6自然段；"贵国爱伦·坡主张诗的篇幅"是第7自然段；"一位中国诗人说"是第8自然段，请注意接连的几个分号不能分段，因为它是引用的文献；"中国诗人呢"是第9自然段；"巧得很"是第10自然段；"问而不答"是第11自然段；"因此"是12自然段；"西洋读者"是13自然段；"我有意对中国诗的内容忽略不讲"是第14自然段；"所以，你们讲"这是第15自然段。

有没有不同意的？没有？我们暂时就这样统一。

我们再看第二个问题，你们了解作者吗？不看课本，作者叫什么名字？

生：钱钟书。

师：什么"钟"？

生：临终的"终"。

师：太可怕了。

生：闹钟的"钟"。

师：不错，我们还可以说得更有文化一点吗？

生："钟情"的"钟"。

师：对，"钟情"的"钟"，"钟灵毓秀"的"钟"。钱钟书为什么要用这个"钟"呢？据说他小时候抓周——大家记得《红楼梦》里贾宝玉抓周时抓的是胭脂，所以是天生的情种；钱钟书抓周抓的是书，所以叫钟书。我们可以从不同角度给钱钟书的身份定位，如果让你给他的身份定位，在你心目中认为他是什么样的人呢？

生：是个文人。

师：这肯定不错，肯定不是武人，但文人的范围太大了，能不能具体一点呢？

生：是一个国学大师。

师：很多人认为钱钟书是中国真正的学者，或者说是最大的学者之一。你们知道表明他学者身份的著作是什么吗？

生：《管锥编》。（教师边读边板书）

师：很不错，知道这本书，就说明很有学问。还有一部呢？

生：《围城》。

师：《围城》能不能作为他学者身份的代表作呢？

生：不能。

师：对，不能。《围城》是什么？

生：小说。

师：换个角度说，他也是个小说家，虽然作品不多，但一部《围城》足以使他成为一位伟大的小说家。他还有一部表明他学者身份的著作是《谈艺录》（边读边板书）。那么，看过《管锥编》《谈艺录》的同学请举手。（没有学生举手）

同学们太可爱了，可爱的一个表现就是诚实。黄老师也诚实地告诉你们，《谈艺录》我看过四分之一，《管锥编》大概看了三分之一。我想，如果把《谈艺录》《管锥编》都看完，就可以称为半个学者了。希望我们班同学将来能把《谈艺录》《管锥编》看完，你就知道什么是学者了。当然，作为学者不仅有代表性的著作，一篇小文章也能看出来他的学者特点。

今天我们一起学习他的一篇文章《谈中国诗》，感受一下他的学者气质。《谈中国诗》是一篇演讲，是在什么地方演讲的？请看课本注释。

生：上海。

师：是对什么人演讲的？

生：美国人。

师：作者演讲的时候并没有演讲稿，是即兴演讲，文章是演讲后整理出来的，所以从某种角度讲，它的行文比较随意，不是很严谨，也不是很讲究。今天，我想和大家研读其中主要的一部分，题目是"谈中国诗"（边读边板书），你们觉得根据文章标题，哪些地方可以暂且砍掉？谁来说说。

生：前四段。

师：说说理由，看看能不能说服大家。

生：因为题目是谈中国诗，但前四段说的是中国文学与英美文学的关系，与中国诗的特点联系不是很紧，第5自然段开始从对中国诗的一般印象开始，才开始谈中国诗的特点。

师：第5自然段开头有一个句子很重要。哪个句子？

生："什么是中国诗的一般印象呢？"

师：这句话在全文有什么作用？

生：引出下文。

师：是总领文章主体内容。现在，同意这位女同学的说法——砍掉前四段的请举手。（大多数同学举手）看来，大多数同学还是同意的。下面我们来看看1—4自然段写了什么内容。粗略地把握文章的内容，有时候抓住关键句子就可以了。我们来看一下第一段的关键句是什么？

生：第一句。

师：第一句告诉我们什么内容呢？

生：它主要是从翻译者的角度去谈文学的交流。

师：你的理解很好，但我们要用准确的语言把理解的内容表达出来。"翻译者的艺术曾被比于做媒者的刁滑"，这是一个比喻，作者通过这个比喻说明了什么呢？

生：说明翻译很难。

师：第2自然段和第1自然段联系紧密，它们的关系是什么？

生：解释关系。

师：非常好，你的阅读品质非常好。第2自然段就是解释第1自然段最后一行的所谓"巴贝尔塔的咒诅"，第2自然段就是交代一下这个典故，说明什么是巴贝尔塔的咒诅。目的是什么呢？仍告诉我们翻译很难。下面看第3自然段。

生：第3自然段的关键句是"中国人的文学交给人家去翻译很难"。

师：外国人翻译中国文学时笑话百出。

生：第4自然段的关键句是"诗歌的翻译很难"。

师：咱们看看第4自然段是不是说"诗歌的翻译很难"呢？要找到具体的文句作支撑。你找到关键句了吗？

生：中国文学跟英美人好像有上天注定的姻缘。

师："中国文学跟英美人好像有上天注定的姻缘"，这也是个比喻，用"姻缘"说明二者是什么样的关系？

生：二者之间的关系很紧密。

师：看来，1-4自然段的确还没有进入核心话题，是可以砍掉的。还有哪些内容可以砍掉呢？

生：第14自然段可以砍掉。

师：说说理由。

生：第14自然段引的诗太多了，还有两首是外国人的，应该砍掉一些。

师：同意他的意见的请举手。

（部分学生举手，一生不同意，但没解释清楚。）

师：要不要砍，首先看它写了什么内容，不能因为多就砍掉。大家看看，这一节写了什么内容呢？

生：中国诗的"内容"。

师：大家再读读、再想想。开头的"我们有意对中国诗的内容忽略不讲"是这一段的中心句吗？这一段是围绕这一句展开的吗？

生：不是。既然是"不讲"，就不是中心句。

师：那么，讲什么呢？

生：我认为第一句就是关键句、中心句。这一段就是讲为什么忽略中国诗的内容。

师：看来有分歧了。我们来理一下这一段的思路。有个句子要注意："不过自从罗马霍瑞斯《讽训集》卷二第六首以后，跟中国田园诗同一形式的作品，在西洋诗卓然自成风气。"这句话是什么意思？

生：说中国田园诗在西洋也一样。

师：大意是对的，但不准确，并不是说中国田园诗在西洋成为风气，而是说和中国田园诗同一形式的诗在西洋成为风气。现在，我们可以回到刚才的问题。作者引述了陶渊明的诗、李白的诗，还有两首外国人的诗歌是想做什么呢？

生：是比较。

师：谁和谁比较？

生：外国人的诗和陶渊明、李白的诗比较。

师：运用比较又说明什么呢？

生：说明刚才那句话。

师：有道理。作者通过外国诗和中国诗的比较说明这两首诗的"口吻情景和陶渊明、李太白相似得令人惊讶。中西诗不但内容常相同，并且作风也往往暗合"。

现在，我们来看能不能砍掉第14自然段？

（学生意见不统一。）

生：第14自然段不能砍，但第15自然段可以砍掉，因为它不是讲中国诗的特点。

师：第15自然段是讲什么呢？有关键句吗？

生：第15自然段的关键句是第一句"中国诗并没有特特别别中国的地方"。

师：这句话的含义是什么呢？就是说中国诗与外国诗是相通的，中国诗也是诗，和外国诗有着共同的品质。这主要不是讲中国诗的特点，是可以暂时放一放。我们再回头看，第14自然段的内容是讲中国诗吗？

（学生没有反应。）

师：第14自然段和第15自然段是什么关系呢？请大家注意"所以"这个关联词。

生：哦——我知道了。第14自然段也是讲中国诗与外国诗是相通的，是具体论述，第15自然段是在第14自然段的基础上得出结论。

师：非常有道理。好的，下面集中阅读《谈中国诗》中间的5—13自然段。我反复阅读这几段，发现钱钟书写这篇文章或者说演讲时思路有点问题。你们认为文章5—13自然段的内容用这个题目行吗？或者说，这篇文章用这个题目行吗？

（有同学摇头。）

师：是的。我也觉得文章的题目有点问题。你们觉得这篇文章的题目应该怎么改会比较好呢？

生：这篇文章的题目应该改为"谈中国诗与外国诗的区别"。

师：这位同学认为文章题目应该改成"谈中外诗歌的区别"。你们觉得是作者原来的题目好，还是这位同学换的题目好？（板书：谈中外诗歌的区别）认为这个题目换得好的请举手。（没有学生举手）一个都没有吗？你自己也不同意？——人不要轻易否定自己。我想请你身边的同学来谈谈，你为什么不支持他的观点?

生:钱钟书的演讲是想告诉外国人中国诗的特点,但外国人大多不懂中国诗,他就要通过外国文学本身的特点说明。所以,引用外国诗是为了说明中国诗的特点。

师:你的意思是,谈到外国诗是和中国诗对比,是让外国人更好地理解中国诗的特点?

生:通过两方面的对比。

师:是比较的方法。同意他的意见的同学请举手——不能轻易否定自己,但也要勇于否定自己。

师:本文题目不太好,但"谈中外诗歌的区别"这个题目也不够好,因为文章没有谈区别,主要还是说中国诗的特点。现在我们看一看,怎么改一改让原文的题目更准确,更对应文章内容。中国诗可谈的东西实在太多了,作者主要说了什么?

生:中国诗的特点。

师:对,中国诗的特点。这位同学的归纳意识很强。

师:应该是"谈中国诗的特点",谈了中国诗的几个特点?

生:中国诗是早熟的。

师:抓住关键句子,很好。第6自然段就讲"早熟吗"?这个句子能够概括第6自然段吗?

生:也是早衰。

师:很好。注意句间关系。中国诗是早熟的,而且早衰。"早熟的代价是早衰"。"早衰"能不能省?

生:不能。

师:如果早熟和早衰真的要省一个,应该省哪一个呀?

生:早熟。

师:我也觉得是早熟,因为重点在后面。当然,两个都不省才好,中国诗的特点是早熟而且早衰。这是用的什么修辞方法?

生:比拟。

师：非常准确。能不能说是拟人呢？

生：不能，因为没有拟人。

师：为什么没有拟人呢？因为早熟和早衰的不一定是人。第二个特点是什么呢？（学生没有反应）大家看课文第7自然段，找关键词句。第7自然段告诉我们什么呢？（学生还没有反应）请注意，这一段有多处比喻，中国诗是闪电战，也只是长诗里面的青鸾剪掠。这里说的是中国诗的什么特点？

（学生议论，但声音很小。）

师：声音太小。——可以抓住比喻。刚才那两个比喻都说明了什么呢？

生：都是说短小。

师：对，闪电战是说短小，青鸾剪掠也是说短小，樱桃核雕刻者更是说短小。这一段是用比喻说明中国诗的第二个特点是篇幅短小。还有什么特点呢？（学生没有反应）大家先想一想，第8自然段到12自然段，作者花了很大的笔墨写了什么特点呢？

生：写了中国诗歌的标点。

师：是写到了标点。可是从写中国诗的特点忽然写到中国诗的标点，这是为什么呢？

生：我觉得标点其实是文章很重要的一部分。

师：标点当然是很重要的一部分，我们要重视标点，但它和中国诗有什么关系？

生：中国诗里面的一些意境与断句有关系。

师：中国诗不加标点理解的空间更大。所以，作者说中国诗的标点就是为了说中国诗的特点。第三个特点是什么呢？这几节里有很多语句能够说明这个特点。大家能找到吗？

生：富于暗示。

师：是的。这是一种说法，是一个概括性的关键句。其他句子可以说都是围绕这一点来展开的。你还能找到具体说明"富于暗示"的句子吗？或者说你从哪句话中看到了这一特点？

生："言有尽而意无穷。"

生:"状难写之景,如在目前;含不尽之意,见于言外。"

生:听得见的音乐真美,但那听不见的更美。

生:"此时无声胜有声""解识无声弦指妙"。

生:问而不答,以问为答,给你一个回肠荡气的没有下落,吞言咽理的没有下文。

师:大家找出的句子的确都能说明"富于暗示"这个特点。文章中这样的句子还有很多。比如,"这是一种怀孕的静默",也是说含蓄蕴藉、富于暗示的特点。这就是钱钟书的语言,机智幽默。怀孕了,自己不说,别人也不说,笑一笑,大家都知道其中内涵。另外,有一个句子不是很好懂。"用最精细确定的形式来逗出不可名言、难于凑泊的境界",也是形容富于暗示的艺术魅力。"凑泊"的意思是生硬凑合。很难表现的东西,用暗示的方法就能很好地表现。作者在这里引述了很多诗句,都是为了说明这个特点,即第三个特点。

除了富于暗示,还有什么特点呢?我们看文章的第13自然段,能找到关键词吗?

生:词气安和。

师:是的,西方的诗是急风暴雨,中国诗笔力清淡、词气安和。四个特点概括出来了。你们说这四个特点中,哪一个是中国诗最主要的特点?

生:富于暗示是最主要的特点。

师:这确实是中国诗最大的特点。作者在这里用的笔墨和运用的写作方法也是最多的。刚才我们已经理解了这部分的主要内容。大家还有没有不懂的句子?

生:"那灰色的歌曲,空泛连接着确切",这段话不好懂。

师:哪位同学解释一下"空泛连接着确切"是什么意思?

生:"那灰色的歌曲,空泛连接着确切"的意思大概是说"单调的,不精彩的"。

师:这个同学回答得很好,精神可嘉。懂不懂是一回事,敢不敢想、敢不敢说是另一回事,不想永远琢磨不出来。

师：他说这句话说的是"单调的，不精彩的"。要理解这句话，我们要理解作者引用的目的，根据上下句去揣摩作者为什么引用这句话。

生：说明"富于暗示"这个特点。

师：非常好，这样理解就有了方向。我们再看上下文。

生："听得见的音乐真美，但那听不见的音乐更美"是什么意思？

师：哪位同学解释一下？

生：我要解释的是"空泛连接着确切"。

师：好，那更好。难题就在这个地方，他们都不敢碰，你说说看。什么叫"空泛连接着确切"？

生：我觉得它跟前面是有关系的，它的意思是"不尽之意，见于言外"，虽然说语言是空泛的，言有尽而意无穷，但是有一种确切的意思在里面，这就是一种形式与意境的关联。

师：说得非常好。他认为"空泛连接着确切"是一种很好的意境，同意这位同学说法的请举手。（部分同学举手）作者引用魏尔兰的话"空泛连接着确切"，是为了说明中国诗在意境上的特点。用古诗欣赏常用的概念来说，"确切"就是实，"空泛"就是虚，"空泛连接着确切"就是虚中有实，以虚写实。这句话的意思明白了，刚才那位同学提出的句子"听得见的音乐真美，听不见的音乐更美"应该能够理解了吧？

生：还是不太明白。

师：可以参照对"空泛连接着确切"的理解，也可以结合下面列举的古诗句理解。

生：我们认为也可以用古诗欣赏的概念来解释？那一句是虚中见实，这一句是无中生有。

师：非常棒，这就叫触类旁通。虚中有实，无中生有，是中国所有艺术和文化的最高境界。中国诗含蓄蕴藉，富有暗示，都与这两者有关。含蓄就是虚中有实，富有暗示就是无中生有，如"云深不知处""欲辩已忘言"。

刚才我们为题目加了三个字"的特点"，但是不是加了三个字，文章的题目和内容就完全对应了？我觉得这个题目还不够严谨。有没有内容还需要再补充?

生:可以说是谈中国古诗的特点。

师:不知道你们同不同意,反正老师非常同意,应该是谈中国古诗的特点。文章有没有举中国现代诗的例子?没有。文章全说的是古诗,对吧?

我认为这个题目有三大漏洞,还有一个漏洞没有找到。有没有同学找到?看来没有同学找到。文章中有个句子很关键,注意到那个句子就会发现漏洞。

生:泛谈中国古诗的特点。

师:加一个"泛谈"?有没有同学有其他发现?

生:没有。

师:没有。还是从整体上把握内容。一般来说,题目是文章内容的高度概括。

生:谈中国古诗结构的特点。

师:你的意思是加一个"结构"?有道理,这是从哪句话得出来的?

生:"我有意对文章的内容忽略不讲。"

师:这位同学读书很善于找到关键句,很善于分析文章思路。文章中说,"我有意对文章的内容忽略不讲"。这告诉我们这篇文章有没有谈中国诗内容的特点?(学生:没有)没有。主要谈了它的什么特点呢?他说应该是结构,是谈中国古诗结构的特点。我觉得,他的发现非常有价值,但能不能说文章就是谈中国古诗结构的特点呢?

生:不能,因为文章中间有一部分是谈中国词的用法的。

师:这是反证法。结构能不能把这四个特点都概括进去?不能。"词气安和"是结构特点吗?不是。要注意思维的对称性。作者说"我有意不谈中国诗内容的特点"。我们找的这个概念必须和哪个概念对称呢?

生:"内容"。

师:和"内容"对称的概念是"结构"吗?

生:不是。

师:应该是什么呢?

生：形式。

师：对。思维是一步一步严谨的，理解要一步一步推敲。形式包括结构、语言，还有表现手法等。因为短小，富于暗示，词气安和都是说形式上的特点。早熟和早衰也主要指形式上的早熟和早衰。所以，应该是谈中国古诗形式上的特点。

师：不知你们和我学习到现在是什么感觉？我和大家学习到这儿反正有一种快感。老钱呀，你这个大学者呀，写的这篇文章怎么就经不起我们推敲呢？漏洞百出，我们蹂躏得很痛快呀。

（学生笑。）

师：且慢，如果我们心平气和地想一想，是不是我们就真的比钱钟书高明呢？是不是钱钟书的即兴演讲，思维是如此不缜密？现在回头看，我们补的内容是不是都需要补？哪些是需要补的？哪些是不需要补的？

生：都可以不补。

师：都可以不补？那我们白忙了？

生：都可以不补。

师：能不能讲讲理由？

生：中国诗是一个大的范围，我们只是把它缩小了而已。

师：题目不是要求准确吗？

生：这是一篇演讲稿，这样应该可以。

师：这是一篇演讲稿，题目就可以宽泛一点？这可以看作一个理由。这位同学你补充。

生：我觉得是无中生有，读者自己能想到。

师：你的意思是题目不点明，但读者可以想到？我觉得越全面、越具体、越到位，别人读起来越清晰。

生：好文章应给人空间，太具体就没有空间了。

师：你这是以我之矛攻我之盾，思维方法很好。用钱钟书文章中的一句话说是，"剥夺了读者们玩索想象的奢侈"。这个句子在哪一段？

生：在第12自然段。

师：在第12自然段。我们再具体看一看。首先，这个"古"要不要加？

生：不加。

师：为什么不加？有哪位同学能说一说理由？

生：我觉得，外国人对中国诗的第一反应就是中国的古诗。

师：很好。外国人心中的中国诗就是中国古诗，所以跟外国人谈中国诗，这个"古"字是不需要的。因为从某种意义上说，新诗不是"中国诗"。新诗是在中国什么时候开始有的？

生：五四时期。

师：对，新诗又叫自由诗，它是进口的，本来就是外国诗，所以谈中国诗就是谈中国古诗。所以，这个"古"字就不需要了。

师：再看看"形式"要不要？

生：可要可不要。

师：不能模棱两可。模棱两可的话等于没说。这位同学，你认为呢？

生：不要，限制太多。

师：再从文中找找根据。为什么是可以不要呢？

生：就在刚才那位同学说的话的后面，文中有一句："我有意对中国诗的内容忽略不讲，中国诗跟西洋诗在内容上无甚差异。"

师：好，文章阅读的一切答案都在文中，不是凭空想象的。为什么"形式"可以不要呢？中国诗和外国诗在内容上没有区别，既然内容没有区别就不需要强调形式。中国有田园诗，外国也有；中国有爱情诗，外国也有。中国诗和外国诗的内容几乎无差别，所以"形式"也不要加。好的，"特点"两个字要不要加？

生：不要，它是废话。

师：对。谈中国诗不谈"特点"，谈什么呢？所以，还是原来这个题目好，大学者是举重若轻，看似随便，其实一切都在其中。下面来看刚才一位同学的学习成果。他认为"谈"字前面要加个"泛"字，"泛"字要不要？

生：不要，因为要谈肯定不是从一个方面谈。

师：我们可以换个方法来思考，这个题目假如不用"谈"字，可以换哪个字？

生:"论"。

师:对,还可以换什么?

生:说。

师:首先否定哪一个?

生:"说"。

师:"说"和"谈"的区别是什么?

生:"说"轻松。

师:"说"比"谈"更随意、更轻松、更放松。"谈"更严肃一点,更正经一点。所以,"谈"比"说"好。"论"字呢?

生:"论"是理论性文章。

师:有点道理。"论"比较正式,比较正经,更严肃一点。有些同学写议论文,题目就是"论",很吓人。作为文章,"谈"与"论"的写法有什么区别?假如要写"论",中国诗应该怎么写?

生:结构要更严谨。

师:对了,结构要严谨,内容也要有区别,会更多地引用文献,还要来一点理论分析。钱钟书是怎么写的?他没有引用大量的文献,也没有什么理论,主要就是举些例子,还用了很多比喻、拟人,也有少量的对比、比较等。这种写法就显得轻松、活泼、潇洒、机智。

这篇文章的文体,注释说是演讲稿。演讲稿不是很具体的文体,可以抒情、叙事,也可以议论、讲道理。有人认为这篇演讲稿是学者论文,有的人认为是学者散文。你们的观点呢?

生:什么叫学者论文?什么叫学者散文?

师:所谓学者就是有学问。学者论文是论学问,学者散文也有学问。关键是,你们认为是论文,还是散文?

(学生意见不一,有的说是论文,大多数说是散文。)

师:我倾向于散文,题目"谈"字也是个标志。谈,是漫谈,随便说说。当然,不是一般的散文。一般的散文题目用"谈"的不多,因为内容不同。一般的散文写什么?

生：写景抒情。

师：也可以写事写物抒情。总之，一般来说，散文主要是抒情，写生活感受。学者散文不是这样。它要体现学者的特点。大家看钱钟书先生的这篇文章，就可以看出这种散文的特点，主要不是抒情，是说什么呢？

生：学问。

师：对，是谈学问。学者散文主要是告诉我们一点学识，它在随便说说中告诉读者一点学问。学者散文并不好写。朱自清的散文可以学，钱钟书的散文就不好学。你们写得出来吗？写不出来。我也写不出来，一般人都写不出来。怎么才能写出学者散文来呢？你们可以从这篇文章里知道什么样的人可以写出学者散文呢？

生：知识渊博的人。

生：见识深的人。

师：的确如此。钱钟书在本文引用了很多国家的诗句，他打的比方也涉及很多国家。你知道《管锥编》为什么我看不完吗？那真正叫旁征博引。比如谈一句诗，他会说，这样的意思古希腊有哪些类似的诗句，表达和内容又有什么不同，英国人有哪些类似的诗句，表达和内容又有什么不同，中国古代诗歌有哪些类似的诗句，表达和内容又有什么不同；都是英国，英格兰人有哪些诗句和谚语，苏格兰有哪些诗句和谚语；同是中国古代的诗歌，不同的时代又各有什么表达。如果写同一盆花，他能告诉你这盆花最早产自哪个国家、哪个世纪，哪个年代引入中国，有多少品种。中国人称这个花叫什么名字，日本人称这个花叫什么名字，英国人是怎么称这个花的，在荷兰诗中有哪一句是怎么赞美这个花的，在日本诗中又有一句什么诗是怎么写这个花的……这一般的人能写得出来吗？写不出来。大家说说什么样的人才能写得出来？

生：博古通今。

师：对，一定要学识渊博，不仅通古博今，而且要兼通中外。（板书）

一节课时间已经差不多了，我们这节课匆匆忙忙、浮光掠影地品读了钱钟书先生的这篇学者散文，你们应该感受到什么是学者、什么是学者散文、应该怎样去读学者散文了。谢谢同学们，谢谢大家！

第八课
小群文阅读

我的说法

行走在单篇和"海量"之间

毫无疑问,群文阅读是突破阅读教学单篇教学和模式化教学的有效方法。但目前的群文阅读教学,无论是主题的确定还是阅读量的确定,随意化的问题都非常严重。什么"爱情诗阅读""《红楼梦》研读"之类的大主题,随处可见;小学一节课动不动就数千字,中学一节课动不动就数万字,甚至一个群文阅读就给学生开了一长串书单,常常是几十万字甚至上百万字。这种"群文阅读""海量阅读"究竟有多大可行性和实际效果,令人担忧。至于只有内容主题没有学习主题,更是普遍现象。

基于这样的背景,近年来我们致力于小群文阅读的探索和实践,并取得了比较好的效果。所谓小群文阅读,是一种主题具体集中、组文篇幅比较短小、阅读量适度控制、阅读周期相对较短的群文阅读。

1. 小群文阅读的基本特征

小群文阅读,特别强调根据具体的教学对象和内容确定适合的主题。同样是古代诗歌的群文阅读,主题的确定,小学生、初中生、高中生肯定都不同。比如,以"古代送别诗"为主题组织群文阅读,小学、初中都不是很适宜,因为古代的"送别诗"实在太多,对它的基本类型、意象特点、情感常见内涵等的分析也不是小学生和初中生所要掌握的学习内容。如果以"李白的送别诗"为主题,对于小学生、初中生或许就比较合适。

小群文阅读，强调确定阅读量要从学生实际出发。如果是课内阅读，小学生几百字的文章三四篇为宜，阅读量为一两千字；初中生千字左右的文本三两篇为宜；高中生三四千的文本三四篇，阅读量一般在万字左右。诗歌篇数可以适当增加，长篇名著阅读，字数也可以略有增加；文言文等理解难度大的阅读量要适当减少。课外的小群文阅读，小学生三五千为宜，初中生万字为宜，高中生两三万字。

小群文阅读，还强调周期要短。因为从学生阅读兴趣维持、阅读认知规律及教师的教学处理来看，一个阅读群的教学时间或者阅读周期过长，则教学节奏很难把握，或者松散拖沓，或者前后脱节，或者顾头不顾尾，互相难以照应。比较理想的做法是，课内的小群文阅读，课前花一两个小时，课内花一两个课时。即使有特殊需要，初中的任务群阅读也以课外一两个星期、课内三四节课为宜，高中的任务群阅读一般说课内时间不超过一个周，周期不超过一个月。否则学生的兴趣维持、整体阅读速度和质量、阅读成果分享活动的组织都容易出现问题。

2. 小群文阅读的组群方式

（1）完全教材内文本的组群。

即以教科书为范畴围绕一定主题跨越不同年段、不同年级对教材文本进行重组建立的课内阅读群文。比如，教材中有不少写"小人物"的小说，也有不少写女性形象的小说，都可以组合为小群文进行阅读教学；课内文本中有好几首边塞诗，可以组织一个"教材中的边塞诗阅读"；教材里既有苏轼的文章，又有苏轼的诗词，可以组建一个"苏轼诗文阅读"的小群文。有人将鲁迅选入教材的《从百草园到三味书屋》《风筝》《藤野先生》《阿长与山海经》等文章组建为一个群，就是用了这种方式，而且非常合理。"教材中的'八大家散文'""教材中的豪放词"等都是比较合适的小群文主题。

（2）由内而外的"1+X"组群。

即以课内某一篇文本或某一单元的文本为建群主题的立足点，然后拓展到课外同类文本组建的小群文。最常见的是苏洵的《六国论》，可以将它和苏轼、苏辙还有元代李桢的《六国论》组合为一个小群文主题。我教学李白的《渡荆门送别》时，就以此为核心篇目拓展了《送友人》《赠汪伦》《黄鹤楼送孟浩然之广陵》《金陵酒肆留别》等作品，建立了主题为"李白送别诗"的小群文。余映潮老师教学普希金的《假如生活欺骗了你》也是这种结构。他在引导学生细读课文之后，拓展阅读了宫玺的《假如你欺骗了生活》和邵燕祥的《假如生活重新开头》。

（3）围绕教材文本主题的拓展式组群。

即在教学了教材文本之后，围绕这些文本或者单元主题组建课外文本的阅读群。比如，教学了余光中的《乡愁》之后，可以再组织一个"台湾诗人乡愁诗"的群文阅读。教学了南唐李煜的《虞美人》之后，可以再组织一个"古代诗人的亡国之愁"的小群文阅读。教学了苏轼的《水调歌头·明月几时有》，可以再组织一个"古代诗人写月"的小群文阅读。这既可以丰富阅读量，又可以深化对课内文本的理解，巩固课内所学的诗词赏析知识。

这种组群方式，和前一个类型的区别在于，前一种组群的所有文本都是"捆绑"在一起的，这种拓展式组群是完成课内文本教学后再组群阅读，拓展的群文常常在课后阅读。

（4）基于"大群"和名著的切分式组群。

即对一个大的任务群或者一部名著进行切分建立的阅读任务群。比如阅读《朝花夕拾》，可以建立"童年鲁迅最爱的人""童年鲁迅的痛""《朝花夕拾》中的动物"等小群文。高中的《红楼梦》阅读，则可以组建"刘姥姥与大观园""元春与大观园""妙玉与宝玉的交往""宝玉的诗文""林黛玉的诗才""黛玉、宝钗和湘云的三角关系"等无数小群文。我和学生一起读《论语》，就以不同的人物组建了 20 多个小任务群，围绕孔子建立了"孔子的牢骚""孔子的仕途""孔子和女性"等多个小群文。新的高中语文课程标准提出了 18 个学习任务群，每个学习任务群都有许多阅读任务，采用切分组建小的群文阅读是比较适宜的办法。

3. 小群文阅读的教学结构

小群文教学是对单篇教学的突破，必然带来教学结构的变化。

（1）并列式结构。

所谓并列式的教学结构，就是将小群文的核心话题或主题分为几个并列的方面逐一展开教学。这应该是最常见，也是最容易操作的一种教学结构。如教学《论语》，可以组建"孔子说'孝'"这样的小群文，然后引导学生对《论语》中涉及孔子谈到"孝"的片段进行逐段阅读，了解孔子从不同角度对"孝"作出的解读，从而认识孔子从不教条地认识问题、善于具体问题具体对待的思想特点。

（2）辐辏式结构。

所谓辐辏式结构，首先在群文中确定一篇核心文本，然后围绕核心文本展开小群文教学。我教学"李白的送别诗"这个小群文时，就是以李白的《渡荆门送别》为核心篇目，借助《送友人》《赠汪伦》《黄鹤楼送孟浩然之广陵》和《金陵酒肆留别》，从情感、意象、结构等角度深入解读核心文本，进而深入认识"李白送别诗"的特点，并初步了解古代送别诗的常见写法。和辐辏式结构相似或者说对应的是辐射式结构，即由一个核心篇目从不同角度发散开去，拓展联系不同的阅读文本展开教学。不同的是，前者由多篇聚焦于一篇，后者由一篇指向多篇。

（3）交叉式结构。

所谓交叉式结构就是从多角度建立群文中单个文本之间的联系，进行多维度交叉式阅读，是传统的互见式阅读在群文阅读中的运用。比如我们教学《史记》，可以建立一个"刘邦的狡猾和正直"的小群文，便可以从《史记》中选择一组与话题内容相关的文本，进行交互式的参读。教学《史记》中的《淮阴侯列传》时，可以以"韩信谋反的真与伪"为话题，以"认识司马迁的秉笔直书和'春秋笔法'"为学习主题组织一个小群文阅读，对各组材料进行参照分析、交叉阅读，效果比较理想。

（4）推进式结构。

所谓推进式结构，又叫层进式结构，就是在多个单篇文本的阅读中不断深化对某一主题的理解、对某一语文知识的学习或某一语文能力的提升。如《红楼梦》的整本书阅读，可以建立"贾宝玉和林黛玉的爱情表白"这样的小群文阅读，选择书中与此有关的主要章回片段，从两个人"似曾见过"的初次见面到林黛玉对金玉之论的深深担忧，从贾宝玉"你放心"的深情表白再到他痛彻心扉的哭灵，随着情节的发展，两人感情不断推进直至最后毁灭，人物性格不断丰满。教师要引导学生在群文阅读中深化对宝黛爱情悲剧的理解，同时对《红楼梦》"草蛇灰线，伏脉千里"的艺术特征有较为深入的认识。

（5）串联式结构。

所谓串联式结构，就是围绕某一主题、依照一定顺序组织多个文本的阅读。比如《朝花夕拾》的整本书阅读，建立"鲁迅先生心中最爱的人"小群文阅读，可以围绕这个主题从《朝花夕拾》中选择文本逐篇阅读。我开设的"论语读人"的《论语》阅读课，基本都是按照不同的人组织一个或多个小群文进行阅读教学的。比如"读冉有"，就把《论语》中和冉有有关的文本选出来，然后按照一定的顺序组织阅读教学。当然，从某种意义上说，任何一个小群文阅读都不可能只采用串联式结构，必然会糅合推进式阅读等方式。

（6）迁移式结构。

举一反三是我国传统的教学思想，注重迁移运用也是现代语文教学的基本理念。所谓迁移式的群文阅读，就是先在核心文本的阅读教学中学习某个语文知识、某种阅读方法、某种阅读策略，然后再在群文的其他文本阅读中加以运用和实践。

4. 小群文阅读教学的基本原则

（1）提炼合适的内容话题和学习主题。

这里的话题，常常是指文本选择的共同题材，比如乡愁、送别诗、边塞诗、"六国论"。所谓学习主题，是指通过群文阅读所要解决的语文问题和所要达到的语文知识学习、语文能力培养方面的目标，至少是所要追求的目标指向，比如认识古代边塞诗的主要特点，了解古代送别诗的主要类型和主要意象等。当然，我们也看到很多群文阅读教学只有共同的内容话题，而缺少共同的学习主题。无疑，这类群文阅读的语文学习价值会受到严重影响，其意义也仅仅是扩大了阅读量，群文阅读的优势并没有得到很好的体现。

（2）文本选择要注意"同题异质"的适度空间。

群文的建立一定要有共同的内容话题和学习主题。但群文的组建不仅要立足于同，更要关注不同（异），这样才有学习的空间和教学的张力。群文建立的"同"，就是上文所说的共同的内容话题和一定的学习主题。"异"，则有着更丰富的内容。同一个话题，不同的文体；同一个主题，不同的表现手法；同样的文体，不同的语言风格。同是苏轼写赤壁，有诗歌有散文；同是蒲松龄写狼，三则"狼"的主题各不相同。选文组群时一定要注意文本"异质"的空间要适当。差异太大，文本之间的距离远，学习难度大，学生的学习难以建立联系；文本之间的距离太近，教学活动空间太小，组群的价值就小，教学也难以展开。

（3）在比较、归纳的基础上梳理与整合。

同中求异，异中求同，在比较中理解文本，学会阅读，丰富积累，是群文阅读最基本的策略。仅仅进行比较，不是目的，也难以具有一定的深度。归纳总结是小群文阅读和比较常常组合在一起的教学策略。有了归纳和总结，才能使学习走向更深的层次。梳理，就是对学习材料和学习内容进行纵向或横向的分类、分层和分析，整合则是将看似分别独立的内容和材料进行组合和联系。梳理和整合是更高要求的语文学习方式和学习能力，它既是语言建构和运用的常用方法，也是阅读和写作中常用的方法与能力。在小群文阅读中，通过梳理和整合可以提升群文阅读的品质，很好地培养学生的语文综合素养。

（4）处理好"群"与"文"之间的矛盾关系。

小群文教学中必须处理好"群"和"文"的关系。这里的"群"既指一组文本组合成的集体，也指通过它们表现的内容话题和学习主题。这里的"文"，既指群之中的单篇文章，也指这些单篇文章承载的文本内涵。教学中必须体现"群"的特点，发挥群的优势，体现单篇教学的要求，不能放弃文字、语句、篇章等阅读教学的基本任务。就这个意义上说，小群文教学中，基本能力和综合素养都必须得到很好的体现。据我们观察，现在群文阅读教学有"群"无"文"的问题非常严重，轻视单篇、轻视文章、轻视语言、轻视文字是非常普遍的做法。

（5）努力追求"1+1＞2"的文本共生。

毫无疑问，阅读量的积累和对群文主题的多维度解读，是小群文阅读的显著效果。但如果以为群文阅读的价值就在于多读，认识无疑是肤浅的；如果仅仅把增加阅读量作为群文阅读教学的主要追求，无疑目标是低端的。从系统论的角度看，"群"就是一个系统。系统的基本要求是总体的效益应该大于各部分之和。实现群文阅读的"群价值"，就在于群内文本之间的共生，因其他文本的存在，而使群中每一个文本的阅读价值显得更为丰富，学生的阅读更加有意义，这才是群文阅读的价值追求。

我的课例

"李白送别诗"小群文教学设计

这是以统编语文八年级上册第三单元《唐诗五首》中李白的《渡荆门送别》为核心篇目组织的一次小群文教学。

送别诗是唐诗的一个非常重要的题材，涌现出许多杰出的作品，比如王维的《渭城曲》、高适的《别董大》、岑参的《白雪歌送武判官归京》等，都是其中的代表。组织一个唐人送别诗的群文阅读，其实也是一个不错的选题，但诗歌量比较大，而且不同作家有不同风格，教学内容也很难选择，尤其是对于古诗阅读量不大的八年级学生，可能难度偏大，要求偏高。李白写过不少送别诗，很有自己的特点，更重要的是，李白的送别诗难度都不是很大，几乎在不同的中小学教材和一些常见的读物中都出现过。于是，我就组织了"李白送别诗"这样一个小群文阅读。

这个小群文阅读，以课文《渡荆门送别》为核心篇目，教学的基本目的是让学生能够比较全面地理解这首诗的内容，认识这首诗意境高远、风格雄健、形象奇伟、想象瑰丽的特点，体会作者对未来充满憧憬的喜悦之情和对故乡的依依惜别之情。但既然是小群文阅读，就必然要让学生在了解送别诗一般特点的基础上，认识李白送别诗的个性特点。

教学过程和教学活动如下。

第一，探究"送别"，了解送别诗的基本要素。

对这首诗题目中的"送别"，人们有不同的理解。清人沈德潜认为，"诗中无送别意，题中二字可删"。明代唐汝洵也认为题目中的"送别"两字是误用，送别诗该写的内容这首诗都没有写。那么，这首诗是不是送别诗呢？送别诗应该写哪些内容呢？先来读读李白几首典型的送别诗，看看送别诗应该写什么样的内容。

出示李白另外四首送别诗：

《送友人》：青山横北郭，白水绕东城。此地一为别，孤蓬万里征。浮云游子意，落日故人情。挥手自兹去，萧萧班马鸣。

《赠汪伦》：李白乘舟将欲行，忽闻岸上踏歌声。桃花潭水深千尺，不及汪伦送我情。

《黄鹤楼送孟浩然之广陵》：故人西辞黄鹤楼，烟花三月下扬州。孤帆远影碧空尽，唯见长江天际流。

《金陵酒肆留别》：风吹柳花满店香，吴姬压酒唤客尝。金陵子弟来相送，欲行不行各尽觞。请君试问东流水，别意与之谁短长？

分组研读：送别诗最基本的内容是什么？最基本的特征是什么？

交流小结：送别诗基本的内容是，必须交代清楚是谁送谁，在哪里送别，远离的人要到哪里去。这些内容常常都会在题目中交代清楚。如《送友人》，题目是说送谁，诗句"青山横北郭，白水绕东城"是说送行的地方；《赠汪伦》，看上去题目中的"汪伦"是远行的人，但诗"李白乘舟将欲行，忽闻岸上踏歌声"，交代了是诗人自己要远行，题目是说什么人来送别他；《黄鹤楼送孟浩然之广陵》，题目就交代了三个要素：黄鹤楼是送行的地点，广陵（扬州）是要去的地方，孟浩然是被送的人；《金陵酒肆留别》，从题目和诗句"金陵子弟来相送"可以知道，送行的地点是金陵酒肆，被送的是诗人，送行的人是金陵子弟，这是送别诗中的留别诗。

可见，送别诗最基本的特征或基本要素是：（1）送谁；（2）谁送；（3）送往哪里；（4）在哪里送。

第二，研读《渡荆门送别》的"送别"。

对照送别诗的基本特征，《渡荆门送别》有没有写送别呢？在哪里送？送何人？何人送？送往何处？

分组研读或自由研读。

交流讨论：

（1）题目中"渡荆门送别"的"荆门"在哪里？是送行的地点还是目的地呢？

我们先了解一下诗人的主要简历：5岁诵六甲，10岁观百家，15岁能赋相如，剑术自通达，"十步杀一人，千里不留行"。李白青年时期主要生活在四川，25岁出蜀，仗剑远游，希望能够大展宏图。

《渡荆门送别》是李白在出蜀漫游的途中写下的一首诗。荆门在哪里？荆门，即荆门山，在今湖北宜都西北长江北岸。很显然，荆门指代楚国，是目的地。

根据题目，结合写作背景，可以知道远行的是诗人。

（2）是谁送诗人呢？又在哪里送呢？

律诗讲究起承转合，诗的首联是点题，交代地点和事由。诗的颈联和颔联是承，写沿途景色。"山随平野尽，江入大荒流""月下飞天镜，云生结海楼"，一是化静为动，以动态的视角写变化的景物，一是以静态视角写江上美景。尾联"仍怜故乡水，万里送行舟"，写思乡之情，但手法巧妙，不写自己思乡，而写故乡水情意绵长，恋恋不舍，千里相送。可见，送行的是故乡之水，而且是一路相送。因此，荆门既是诗人远行的目的地，又是故乡水送别的地方。

（3）小结：这是一首送别诗，具备送别诗的基本要素和特征。

在哪里送？荆门。诗人要到哪里？荆门。送谁？送行舟，送游子。谁人相送？故乡水。

荆门，既指荆门山，也是楚蜀咽喉之地，是蜀国的门，也是楚国的门。在蜀国和楚国的门口送别，可见诗风雄健奇伟。故乡水万里送游子，可见想象瑰丽，无限深情。

显然，这是一首别具一格的送别诗：不是写送别朋友，也不是写朋友送别自己，而是写故乡的水在为一位离乡远行的游子送行，一直送到万里之外蜀国的门口、楚国的门前，别具一格，意境雄奇，想象瑰奇。不加细致品味，不能发现。

第三，品读《渡荆门送别》。

（1）自由朗读。

（2）这首诗由写远游点题入笔，继写沿途见闻和观感，后以思念作结。诗的颈联和颔联主要是写景。那么，是写楚国之景还是写蜀国之景呢？

这两联的意境是，崇山高山随着荒野出现渐渐逝尽，平野慢慢舒展开，江水仿佛流进广阔的莽原。月影倒映江中像是飞来的天镜，空中彩云结成绮丽的海市蜃楼。可以说，是句句写蜀国，又句句写楚国。大家看看哪些内容写蜀国，哪些内容写楚国呢？

楚国：荆门山是楚国的山，船出了荆门，山峦渐渐退远，平野渐渐铺开，天上的月映入江中的水，天上的云成了海市蜃楼。

可见：山是蜀国的山，水是蜀国的水，船是蜀国的船；荆门是楚国的荆门，平原是楚国的平原，月亮是楚国的月亮。作者运用想象将它们融合为一个瑰丽的意境。

（3）诗中哪些句子特别能体现想象瑰丽的特点？

主要是颔联和尾联。水中的月，好像是天上的飞镜；天上的云，如同海市蜃楼；故乡的水，万里相送。

第四，认识送别诗的意象特点。

（1）交流自己知道的送别诗，说说古代送别诗常用的意象是什么。

古代送别诗，最常见的意象是杨柳。古人喜欢折柳送别，"柳"和"留"

二音相谐,"青"和"情"二音相谐,因而"折柳"相留送。折柳的寓意是惜别怀远,柳条柳丝千条万缕,表示情真意切。

《诗经·小雅·采薇》:昔我往矣,杨柳依依。今我来思,雨雪霏霏。

刘禹锡的《杨柳枝词》:城外春风吹酒旗,行人挥袂日西时。长安陌上无穷树,唯有垂杨管别离。

郑谷的《淮上与友人别》:扬子江头杨柳春,杨花愁杀渡江人。数声风笛离亭晚,君向潇湘我向秦。

王维的《送元二使安西》:渭城朝雨浥轻尘,客舍青青柳色新。劝君更进一杯酒,西出阳关无故人。

除了柳,古代送别诗的意象还常有"日暮""斜阳""夕阳""暮雪""暮钟"等表明傍晚时分的词语,因为古人常常在晚上送别。还有"长亭""离亭",因为古代驿道旁置亭,十里一长亭,五里一短亭,送别亲朋好友时往往在亭中设酒饯别。

(2)阅读李白的五首送别诗,圈画五首诗的主要意象,思考:李白送别诗最主要的意象是什么,他为什么爱用这个意象?

李白五首送别诗的意象有:

《送友人》:青山、白水、东城、孤蓬、浮云、落日、班马。

《赠汪伦》:踏歌声、桃花潭水。

《黄鹤楼送孟浩然之广陵》:孤帆远影、碧空、长江。

《金陵酒肆留别》:柳花、酒、东流水。

《渡荆门送别》:山、平野、江、大荒、月、云、故乡水。

小结:李白的送别诗,既体现了古代送别诗的一般意象,如落日、柳,但意象更为丰富,尤其喜欢以"水"为意象(五首诗都有"水"这个意象)。

(3)李白为什么喜欢用"水"作为送别诗的意象?水,深远绵长,气象博大,变化多端,切合李白的澎湃激情和浪漫主义的诗风。

第五,选一个角度,对五首诗进行分类(从诗歌形式、送别诗的要素的角度)。

(1)送的对象:《送友人》《黄鹤楼送孟浩然之广陵》/《赠汪伦》《金陵

酒肆留别》《渡荆门送别》（送别人远行和别人送自己远行）。

（2）诗歌的形式：《送友人》《黄鹤楼送孟浩然之广陵》《赠汪伦》《渡荆门送别》/《金陵酒肆留别》（近体诗和乐府诗）。

（3）送的主体：《送友人》《黄鹤楼送孟浩然之广陵》《赠汪伦》《金陵酒肆留别》/《渡荆门送别》（人送人和水送人）。

小结古代送别诗歌的主要类型：从内容上看，有送别人的，有别人送自己的。李白的《渡荆门送别》是一首很特别的送别诗，是诗人写故乡水为自己送别。

第六，在五首诗中选一首最喜欢的朗读，说说为什么喜欢。在另外四首诗中，选择一首和《渡荆门送别》比较，说说有哪些不同点。

第七，选诗赠别。

（1）如果黄老师和你们分别，你们选哪一首送给黄老师？

（2）猜一猜，黄老师和你们分别，会选择哪一首送给你们？

《赠汪伦》：为师乘舟将欲行，忽闻岸上踏歌声。桃花潭水深千尺，不及诸生送我情。

《金陵酒肆留别》：风吹柳花满店香，无须压酒唤客尝。金陵子弟齐相送，欲行不行各尽觞。请君试问东流水，别意与之谁短长？

后　记

本来真的没有什么再要啰唆的了。

但心里还是觉得有话要说。

这或许是因为今年这样一个特殊的寒假。

要不是这场疫情，这本书的完稿毫无疑问还要推迟一段时间。连续近两个月几乎不能出门，使我有了较为集中的一段时间来整理这本书，补写空缺的部分，修改不够满意的地方。这并不是说这本书已经自认为完美无缺。事实上，不尽如人意的地方并不是很少。

然而书稿杀青，并没有以往那样的轻松甚至一点自得，而这并不是因为对书稿不够满意。

这场疫情，令人感慨良多，却不知从何说起。

权且表达几层谢意：首先谢谢徐飞老师，每次当我流露出想出一本书的想法并有点纠结的时候，他总是坚决地鼓励，对我的选题充分肯定，并主动和出版社联系促成出版；还要感谢华东师范大学出版社的编辑老师为我的拙著付出的心血和劳动。他们的敬业和专业，提升了拙著的品质。

还要借此感激命运和生活对我的厚爱。勤奋如我者，读书胜我者，天资学问远超我者，数不胜数。但无疑我比很多人更为幸运。想到这次疫情中的无数不幸者，这种感受尤其强烈。

感恩命运，感恩生活。

谨以这样的话迎接这本小书的诞生。

2020年3月22日

图书在版编目(CIP)数据

阅读课的姿态:体式教学的说法和课例/黄厚江著.—上海:华东师范大学出版社,2022
ISBN 978-7-5760-2760-0

Ⅰ.①阅… Ⅱ.①黄… Ⅲ.①阅读课—教学研究—中学 Ⅳ.①G633.332

中国版本图书馆CIP数据核字(2022)第053347号

大夏书系·语文之道

阅读课的姿态
——体式教学的说法和课例

著　　者	黄厚江
策划编辑	李永梅
特约编辑	徐　飞
责任编辑	任媛媛　韩贝多
责任校对	杨　坤
封面设计	奇文云海·设计顾问
出版发行	华东师范大学出版社
社　　址	上海市中山北路3663号　邮编　200062
网　　址	www.ecnupress.com.cn
电　　话	021-60821666　行政传真　021-62572105
客服电话	021-62865537
邮购电话	021-62869887　地址　上海市中山北路3663号华东师范大学校内先锋路口
网　　店	http://hdsdcbs.tmall.com
印 刷 者	北京密兴印刷有限公司
开　　本	700×1000　16开
插　　页	1
印　　张	17.5
字　　数	249千字
版　　次	2022年5月第一版
印　　次	2024年3月第二次
印　　数	6 101-7 100
书　　号	ISBN 978-7-5760-2760-0
定　　价	59.80元

出 版 人　王　焰

(如发现本版图书有印订质量问题,请寄回本社市场部调换或电话021-62865537联系)